Exercices à écrire avec plaisir

By:

George Giannetti

Published By:
Teacher's Discovery
2741 Paldan Drive
Auburn Hills, Michigan
48326
1-800-TEACHER

Copyright © 1997
Teacher's Discovery
2741 Paldan Drive
Auburn Hills, MI 48326
Printed in the United States of America

1-884473-19-9 (previously ISBN 0-8251-2276-7)
(previously ISBN 0-8251-2229-5)

TEACHER EDITION

Table des matières

Première Partie: Pratiquons à écrire

Deuxième Partie: Écrivons plus

Appendix

To the Teacher

Exercices à écrire avec plaisir should fill a real need for you and your students. It provides—in workbook form—a stimulus to written composition by each student working independently.

Emphasis on writing may seem almost reactionary in this age of electronic bombardment of our senses. But language learning *must* involve the four complementary skills (hearing/speaking *and* reading/writing) if it is to produce literate language learners. The student workbook is entirely in French—directions, examples, text and all. The whole goal of this workbook is to accustom students (*and* teachers) to reading/understanding idiomatic French and producing equally valid responses to such stimuli. Parenthetically, each time the student or teacher has to resort to English, it's almost an admission that French doesn't "work"! An all-French classroom is the goal, ultimately.

The lessons in Part I are grammar-oriented and employ a "common-denominator" vocabulary, as used in the most popular beginning French textbooks published in America today. Insistence throughout is on complete sentence writing. (There are no "fill-ins" or puzzles or gimmicky substitutes for actual writing.) The teacher is urged to insist upon this too, from the very first lesson, not as a mindless chore, but as an important mental and physiological exercise.

Students always suppose that the important part of a new lesson is the new grammar or structure point that's being introduced or stressed. Teachers know—and students should be helped to realize—that every lesson subsumes all that has gone before and that the ability to use every grammatical relationship and lexical item is being reinforced and practiced as a new item is introduced. Help students learn to develop the power to *think in French* as they read and answer questions, respond to directions and information, and create their own written French.

The grammatical and lexical items presented in Part I are as follows:

Lesson 1: Agreement in Gender and Number of Nouns, Numbers
Lesson 2: Present Tense of *-er*, *-ir*, and *-re* Verbs, Adverbs, Negatives, Infinitive Construction, Interrogatives
Lesson 3: Prepositions, Prepositional Phrases
Lesson 4: Irregular Present Tense, Days of the Week, Idioms
Lesson 5: Irregular Present Tense (continued), Indefinite Articles
Lesson 6: Reflexive Verbs with Commands and Infinitive Structure, Inversion
Lesson 7: Adjectives (before and after nouns), Irregular Forms, Singulars/Plurals
Lesson 8: Expressions of Quantity, Contractions, Partitive Forms
Lesson 9: Idioms (continued), *Apprendre* (present tense)
Lesson 10: Future Tense (regular and irregular)

Lesson 11: *Passé Composé* with *Avoir* (regular and irregular), *Passé Composé* with *Être*, Negatives
Lesson 12: Verb Review: Present, Past Perfect, and Future Tenses
Lesson 13: Possessive Adjectives, *de* Construction
Lesson 14: Direct and Indirect Object Pronouns

In addition, the Appendix contains reproducible *Examens* that correspond to all lessons in Part I with the exception of Lesson 12. For first-year students, the *Examens* can be used either as posttests or for additional review. For second-year students, they can be used either as pretests or for additional review.

Part II is structured differently. Here the focal point of each lesson is a specific subject/vocabulary area, and the teacher may need to coordinate these lessons more carefully with the classroom textbook vocabulary or to teach necessary lexical items that students have not yet learned. Questions are much more open-ended, and the sentences, paragraphs, and letters that students create are much more individualistic than in Part I, where student responses are relatively predictable. Student creativity is very much to be encouraged and by the end of *Exercices à écrire avec plaisir* students should be able to think independently and to write sustained letters or essays. All 15 lessons involve the basic writing skills presented in Part I.

The topics presented in Part II are as follows:
Lesson 1: Letter-Writing: Addresses, Titles, Salutations, Closings
Lesson 2: Letter-Writing: Texts
Lesson 3: Comprehension and Composition: About Letters, Letter-Writing, and Substitutes for the Latter
Lesson 4: Directed Composition: My First Letter
Lesson 5: Directed Letter-Writing: About Family Relationships and Friends
Lesson 6: Directed Letter-Writing: About Foods and Eating
Lesson 7: Directed Letter-Writing: About Amusements, Sports, and Hobbies
Lesson 8: Directed Letter-Writing: About Careers and Occupations
Lesson 9: Directed Letter-Writing: About Health
Lesson 10: Directed Letter-Writing: About Money—Getting, Having, and Spending It
Lesson 11: Directed Letter-Writing: About Methods of Transportation
Lesson 12: Directed Letter-Writing: About Travel and Summer Vacation
Lesson 13: Directed Letter-Writing: About Cars and Driving
Lesson 14: Directed Letter-Writing: About Shopping and Stores
Lesson 15: Directed Letter-Writing: About Parties and Celebrations

The teacher may use Part II with second-year students without their having completed Part I, and, after the first five lessons have been completed, the teacher may select from Lessons 6–15 *ad libitum suum*. There's nothing sacred or sequential about the order in which the topics of Lessons 6–15 have been arranged.

The teacher's job includes reading and reacting to what students have written. This publication is not a collection of "busy-work" exercises. It is a genuine stimulus to linguistic activity in written form, which both students and teacher should enjoy and through which language mastery can be satisfyingly enhanced.

Bonne chance!

—George Giannetti

Extended Activities

Most of the following supplemental activities can be an extension of any chapter in both Part I and Part II. Some are specifically suggested for certain chapters by the author, but, ultimately, it should be the instructor who selects which activity will fit his or her style best.

1. Dictation

Probably the most useful and productive extended activity for a foreign language *writing* program is taking dictation.

The student who can take dictation accurately and speedily—let's call this student the "scribe"—has mastered a whole host of skills, not all readily apparent to him or her.

A. The "scribe" hears meaningful utterances, not just indiscriminate sequences of consonants and vowels. He or she has learned to *listen*.

B. The "scribe" can hear French spoken in natural breath groups at a conventional rate of speed for normal speaking, but, through knowing the language adequately, he or she can subdivide phrases into individual words, even though elision and liaison may have seemed—to the untrained ear—to have combined them into larger, indivisible units.

C. The "scribe" can remember phrases and even whole sentences and doesn't need multiple, slow speed, word-for-word repeating of items in order to be able to transcribe them.

D. The "scribe" can spell correctly and *knows* which written symbols match which vocal utterances.

The teacher should conduct dictation exercises for the first few lessons, but gradually this should become a student's task. Both teacher and students should use selected portions of the writing exercises and, later, new combinations of sentences and phrases from those writing exercises as the material to be dictated.

Perhaps it should be added that the prudent teacher will check the students' compositions before they are used for dictation practice, for comeliness, correctness, length, and general suitability.

This should never become a perfunctory exercise. An enthusiastic teacher who believes in the merits of the dictation as a learning/teaching/testing/"show-off" activity will help students come to appreciate its value and enjoy the display of competences that it can evoke. It is certainly valid and satisfying to find fun in the dictations that the teacher or students compose.

The dictation—and its correction—can take as little as five minutes once or twice a week. It can also, occasionally, be used as a "quiz," after students have been forewarned about its coming.

2. Dictionary Work

The student's goal in language learning is to become self-sufficient. Learning to use a dictionary is part of the process and there's great psychological value for the student in having a dictionary and becoming accustomed to using it.

Using a bilingual dictionary effectively, however, is a much more difficult task than is readily apparent. An inherent characteristic of any human language is metaphorical wordplay, and it is extremely rare for any word to have but one meaning. The difficulty for the unwary dictionary user is to realize which equivalent word is appropriate in a given sentence. (This is easy to demonstrate and even the slimmest bilingual English dictionary will give countless examples. Look up, for instance, *admettre*, *vite*, *son* in the French-English side and *admit*, *fast*, or *sound* in the English-French side.) The problem is to translate *meaning*, and not individual *words*.

3. Translation (French to English)

Most written work in a foreign language class involves creating compositions in the new language. But an important corollary activity is occasional translation from the target language into the student's native language. Immediately the student becomes aware of idiomatic differences between the two languages and the need to express equivalent *meaning* in English, even though word order, grammatical constructions, and word-for-word equivalencies will and must vary. This must never become a mechanical exercise: "The brain must be engaged." Student translations may be quite different yet all equally valid. This is practice in language *style* as well as in semantic accuracy. Do not accept "translationese." Insist upon genuine, contemporary, literate English.

4. Definitions

As a learning exercise, the definition is hard to surpass. It provides opportunity for developing logical habits of thought as well as for letting the learner stretch his or her mastery of vocabulary.

To define is NOT to make a clever statement *about* something. For example, in defining terms, a dog is NOT "man's best friend." "A dog is a four-legged animal, a canine, capable of easy domestication" is much better as a non-dictionary type of definition, specifying the large class to which something belongs and then delimiting it.

The student, in creating a definition, is limited only by the breadth of his or her experience and vocabulary. The child can say "a dog is an animal that has four legs and a tail and says, 'Bow-wow,' " and that's equally good as a response.

For any of the chapters in this workbook, the defining of terms is a valid, fruitful exercise. For example, from page 46, the student may be asked to define such terms as *la boîte aux lettres, par avion, le facteur, le timbre*, each of which will provide opportunity for precise thought and creative composition.

5. Qui suis-je? Où est-ce que je suis? Qu'est-ce que c'est?

Each of these three questions may be used as the concluding sentence of a paragraph that will provide material for a classroom game. As a homework assignment each student is asked to write a paragraph in French that describes a specific person, place, or thing, *without naming it*. The student concludes the paragraph with the appropriate question (above). In class students listen to each paragraph, and are challenged to answer the final question: *Who* or *what* have I been describing? (This is a logical outgrowth of the work with definitions described in item number 4.) This is a satisfying, exciting opportunity for students to develop their communicative and compositional skills and to have fun in the process.

6. 3 x 5 Cards

The student can, in a sense, create his or her own learning materials; and the mere act of writing out what the student wants to learn will actually help in learning it.

Each student should have a packet of 100 3 x 5 cards. On these—one card for each item—the student will write the idiomatic expressions in French that he or she wants to master and the vocabulary items that are hard to learn, writing English equivalents for each on the reverse. Similarly, the student uses a card for each of the "big points" about grammar, forms, or usage that he or she (or the instructor) thinks should be stressed. (These are the points that a zealous student would "highlight" in vivid yellow in the textbook.) Each card then becomes an item to be studied, reviewed, mastered—and then discarded! Don't keep on studying what you've already learned: Focus on what you still aren't sure of!

7. Rote Copying

This sound like a "make-work" exercise. It isn't, at least for most students! The task is to copy verbatim a page of text, including every mark of punctuation, every capital and lowercase letter, and the correct spelling of every word. For this, a letter from page 47 or page 48 is ideal.

This should be corrected by the teacher, blunders being encircled in vivid color. Students—and teachers—find it astounding that so many errors can creep in. Avoidance of this kind of inadvertence or carelessness is crucial in computer work, and modern students will accept critical rejection by the machines as a deserved reproof. But to discover the difficulties in something as apparently easy and mechanical as copying a short passage is usually chastening and a valuable corrective, and the influence can last *forever* if the student is encouraged to take it to heart.

8. Actual Correspondence

Obviously, the most important extended activity growing out of Deuxième Partie of this workbook is the conducting of genuine French correspondence between the individual student and someone else who knows French. This can be an exchange between students in different schools in the same community, in other cities, or even in other countries. The teacher can arrange such exchanges personally or can use student letter exchange agencies that advertise in the professional journals.

9. The Written Word Turns Oral

. . . and, of course, every writing exercise in this book can and should be metamorphosed into an oral drill for the French classroom, as a "substitution" or "transformation" exercise. The spoken word becomes the written word, which becomes the spoken word, which . . . it's a *four-skills* language, remember!

Transformation Drills

When the class has completed Exercice A on page 3 of the student workbook, they are ready for an oral "transformation drill" on the same material. The teacher gives the general directions in French (e.g., *Écoutez chaque phrase. Depuis répétez comme question.*) Then he or she says the first sentence, *Il y a un livre là-bas*, and leaves a pause for the class to chorus: *Est-ce qu'il y a un livre là-bas?* The students will quickly understand the pattern. Complete the oral practice of the entire exercise. From then on, the sentences can be given in random order and ultimately students may be asked to become the drillmasters. This should NOT remain a chorus drill: change it into a rapid-fire individual drill by pointing at students (don't waste time or cause inhibitions by using students' names) and let corrections be made—if needed—by the next student indicated by your pointing; then, or soon after, go back to the student(s) who made errors and give them the same sentence again.

Substitution Drills

Examples of those drills appear on page 3, Exercices A–D. To make this drill oral, the teacher gives directions in French first. Then he or she says the first sentence twice, gives the "clue word" (the new noun or pronoun in this case) in a rising or level intonation, and leaves a pause for the students to say the new version of the sentence. Then the teacher repeats the correct response as a check. The second and later "clue" follows in the same manner. Again, the sentences can be given in random order and ultimately the students may become the drillmasters.

Question/Answer Drill

Every exercise based on Question/Answer practice can also become an oral drill (e.g., page 3, Exercice E.) The all-too-normal classroom habit is for the teacher to ask all the questions. Shift roles: Let students learn to question each other *and you!*

10. Translating Newspaper Headlines

This is a writing activity for second year and beyond. It can be much fun especially when students read their translations in class. You can try it also with titles of TV programs or film titles. For the newspaper headlines, the students are instructed to go over the newspaper and select ten headlines that they can translate reasonably well, using the dictionary if necessary. After the teacher has corrected the papers, a class reading and discussion follows.

11. Students as Poets

Writing poetry is the last suggested creative activity on writing. See page *lxvii*, reproduced from *The French Teacher's Book of Lists* by George Giannetti (© 1990 J. Weston Walch, Publisher).

Objectives, Teaching Tips, and Answers to *Examens*

Première Partie

Première Leçon

I. Objectives: The student will

1. review impersonal structure *Il y a*

2. review the agreement of number and gender of nouns

3. practice writing basic short and complete sentences

II. Comments on rules and explanation of troublesome points:

Il y a is used with both singular and plural nouns:

Il y a *un livre* là-bas.

Il y a *deux livres* là-bas.

III. Suggestions for extended activities:

1. Dictation

2. Translation

3. Definition

4. Vocabulary game: "Qu'est-ce qu'il a (à la main)?"

IV. Answers to *Examens*:

Examen 1

1. Vous n'aimez pas parler au téléphone.

2. Le professeur ne parle pas aux étudiants.

3. Tu ne regardes pas le cahier.

4. Il n'y a pas de livre là-bas.

5. Je n'ai pas deux cousins.

6. Nous ne vendons pas le vélo.

7. Nous ne choisissons pas le livre.

8. Ta mère n'est pas avec ton père.

9. Les stylos ne sont pas près du bureau.

10. Les enfants ne regardent pas la télé.

Examen 2

Answers will vary. Possible answers:

1. Est-ce que vous aimez parler au téléphone?

2. Le professeur parle-t-il aux étudiants?

3. Regardes-tu le cahier?

4. Est-ce qu'il y a un livre là-bas?

5. Est-ce que j'ai deux cousins?

6. Vendons-nous le vélo?

7. Est-ce que nous choissisons le livre?

8. Ta mère est-elle avec ton père?

9. Est-ce que les stylos son près du bureau?

10. Les enfants regardent-ils la télé?

Deuxième Leçon

I. Objectives: The student will

1. practice writing regular present-tense verbs with their subject pronouns

2. practice gender changes with nouns (plural-singular, singular-plural)

3. practice writing short answers to questions (negative and affirmative)

II. Comments on rules and explanation of troublesome points:

1. Most adverbs follow the conjugated verb as closely as possible.

2. If there is no new subject, a second verb in the series is always written as an infinitive.

3. Verb endings among the three regular present-tense conjugations are different, but all are subject dependent for their endings.

III. Suggestions for extended activities:

1. Dictation

2. Translation

3. Definitions

4. Verb game: "Qu'est-ce que tu fais?"

5. Oral drills

IV. Answers to *Examens*:

Examen 1

1. C'est une fenêtre.

2. Il y a un frère.

3. Nous étudions le livre.

4. J'ai une cousine.

5. Regardez-vous un film documentaire?

6. C'est l'étudiante.

7. Qui désire vendre la maison?

8. Il y a une porte là-bas.

9. Vendez-vous le vélo ou la moto?

10. Ils entendent le téléphone.

Examen 2

Answers will vary. Possible answers:

1. Est-ce que nous étudions toujours?
2. Est-ce qu'il y a une soeur?
3. Parlez-vous au téléphone?
4. Est-ce qu'elles finissent les devoirs?
5. Est-ce une clef?
6. Est-ce que je désire dîner maintenant?
7. Marc arrive-t-il?
8. Est-ce que tu choisis le professeur?
9. Entend-on la radio?
10. Y a-t-il des livres?

Troisième Leçon

I. Objectives: The student will

1. practice writing negative sentences

2. practice forming and using prepositional phrases

3. practice answering short affirmative and negative questions

II. Comments on rules and explanation of troublesome points:

1. The prepositions *à* and *de* form contractions with the definite articles *le* and *les.*

   à + le = au   à + les = aux

   de + le = du   de + le = des

III. Suggestions for extended activities:

1. Dictation

2. Translation

3. Definitions

4. Vocabulary game: "Où est-ce que je suis?"

5. Oral drills

IV. Answers to *Examens:*

Examen 1

1. Si, ils attendent au lycée.

2. Si, nous aimons faire du ski.

3. Si, elle répond au professeur.

4. Si, j'étudie dans ma chambre.

5. Si, tu grossis.

6. Si, nous punissons les mauvais étudiants.

7. Si, il travaille.

8. Si, nous aimons jouer au basket.

9. Si, je choisis faire du ski en juillet.

10. Si, j'entends la radio.

xx   *Exercices à écrire avec plaisir*

Examen 2

1. Où travailles-tu?
2. J'aime faire des promenades.
3. Nous ne choississons pas les disques.
4. Est-ce qu'elle regarde la télé chez ses amis?
5. Vous rendrez souvent des livres.
6. Je ne grossis pas.
7. Qui aime répondre au professeur.
8. Tu choissis d'écouter des cassettes.
9. Ne travaille-t-il jamais au lycée?
10. Entendez-vous la radio?

Quatrième Leçon

I. Objectives: The student will

1. practice answering negative questions
2. practice irregular verbs: *aller, avoir, être, faire*
3. practice manipulating selected idioms in complete sentences
4. practice using days of the week in complete sentences

II. Comments on rules and explanation of troublesome points:

1. *Aller, avoir, être,* and *faire* are irregular verbs whose forms do not follow regular present-tense verb patterns.
2. *Le* preceding a day of the week means on that day, every week.
   Je vais à l'église le dimanche.   I go to church *on Sundays.*

III. Suggestions for extended activities:

1. Dictation
2. Translation
3. Definitions
4. Oral drills

IV. Answers to *Examens*:

Examen 1

Answers will vary. Possible answers:

1. Faites-vous du ski en février?
2. Est-ce que tu vas au musée avec tes amis?
3. Est-ce que nous parlons bien français?
4. Sont-ils à la bibliothèque?
5. Le professeur a-t-il quelquefois mal à la tête?
6. Est-ce que nous allons au ciné après l'école?
7. Est-ce que tout le monde aime faire des promenades?
8. Es-tu à la piscine?
9. Est-ce qu'elle ne fait rien le samedi?
10. Est-ce que je vais finis mes devoirs ce soir?

Examen 2

Answers will vary. Possible answers:

1. c
2. f
3. a
4. j
5. d
6. h
7. b
8. i
9. e
10. g

Cinquième Leçon

I. Objectives: The student will

1. practice answering questions with interrogatives

2. practice irregular verbs: *dire, écrire, lire, pouvoir, savoir,* and *vouloir*

II. Comments on rules and explanation of troublesome points:

1. *Dire, écrire, lire, pouvoir,* and *vouloir* are irregular verbs whose forms do not follow regular present-tense verb patterns.

III. Suggestions for extended activities:

1. Dictation

2. Translation

3. Definitions

4. Oral drills

IV. Answers to *Examens*:

Examen 1

Possible answers:

1. Nous n'écrivons jamais de lettres.

2. Qu'est-ce qu'on lit?

3. Savez-vous parler italien?

4. Ils ne veulent pas aller au ciné.

5. Lit-il un journal ou une revue?

6. J'écris souvent en classe.

7. Quand veux-tu rendre visite au Marc?

8. Dites-vous toujours au revoir au professeur?

9. Tout le monde fait ses devoirs le soir.

10. Pourquoi ne sait-il jamais la réponse?

Examen 2

Possible answers:

1. Est-ce que je suis souvent en classe?
2. Peux-tu lire la lettre après moi?
3. Est-ce que nous voulons aller au lycée?
4. Françoise ne sait-elle pas la réponse?
5. Est-ce qu'il ne veut jamais entendre la radio?
6. Ne savez-vous rien?
7. Peuvent-ils aller au ciné ce soir?
8. Est-ce que je fais une promenade?
9. Lisons-nous souvent le journal?
10. Ne dis-tu jamais au revoir?

Sixième Leçon

I. Objectives: The student will

1. practice using reflexive verbs
2. practice imperative verb forms (affirmative and negative)
3. practice answering questions

II. Comments on rules and explanation of troublesome points:

1. Reflexive verbs require use of a reflexive pronoun as follows:
   je me, tu te, il/elle se, nous nous, vous vous, ils/elles se
2. *Se* is the pronoun denoting a reflexive verb.
3. In an infinitive structure using a reflexive verb, the reflexive pronoun must agree with the subject.
4. In an affirmative imperative structure, *nous* and *vous* are placed behind the verb form and attached to it by a hyphen. *Te* changes to *toi* and occupies the same position as the other pronouns.
5. In a negative imperative structure, all reflexive pronouns remain in front of the verb and are not attached to it.

III. Suggestions for extended activities:

1. Dictation
2. Translation
3. Definitions
4. Verb game: "Qu'est-ce que tu fais?"
5. Oral drills

IV. Answers to *Examens*:

Examen 1

1. Why are you hurrying?
2. What time do they go to bed?
3. Who's falling asleep in class?
4. When do you wash up (bathe)?
5. Sit down!
6. We get dressed in our bedroom.
7. Are you going to be quiet?
8. I'm going to get up early tomorrow morning.
9. Go away!
10. Why doesn't the professor get bored?

Examen 2

Some answers may vary.

1. f
2. j
3. b, c, g ou i
4. e ou h
5. a
6. b, c, g ou i
7. h
8. b, c, g ou i
9. d
10. b, c, g ou i

Septième Leçon

I. Objectives: The student will

1. practice writing sentences containing adjectives
2. recognize that adjectives agree in number and gender with the nouns they modify
3. recognize adjectives that are antonyms
4. learn which adjectives precede nouns and which follow

II. Comments on rules and explanation of troublesome points:

1. Adjectives that end in *e* have only one singular form; they add *s* to form the plural.
2. Most adjectives have four forms—masculine singular—no additional ending to adjective; feminine singular—add *e* to masculine singular form; masculine plural—add *s* to masculine singular form; and feminine plural—add *es* to masculine singular form.
3. A few adjectives have irregular forms—*beau/belle*; *nouveau/nouvelle*; *vieux/vieille*; *bon/bonne*; *sérieux/sérieuse*.
4. Most adjectives follow the noun they modify. A few adjectives precede their nouns. If the adjective is plural and precedes the noun, "some" is expressed by *de* or *d'*, not *des*.

III. Suggestions for extended activities:

1. Dictation
2. Translation
3. Definitions
4. Vocabulary game: Vingt questions
5. Oral drills

IV. Answers to *Examens*:

Examen 1

1. Jacques est content.
2. Janine est contente.
3. Nous sommes optimistes.
4. Vous n'êtes pas pessimistes.
5. Ma tante n'est pas riche.
6. Mes oncles ne sont pas pauvres.
7. Le frère n'est pas beau.

8. La soeur n'est pas belle.

9. Il y a un mauvais journal.

10. Il y a une mauvaise revue.

Examen 2

1. We are famous.

2. Is this lesson difficult or easy?

3. Where are the strong men?

4. There's a pretty girl over there.

5. Is the class large or small?

6. Joseph is serious (serious-minded).

7. Is the car new? (The car is new?)

8. Are you happy or sad?

9. Why are the students pessimistic?

10. Do you have rich or poor friends? (Are your friends rich or poor?)

Huitième Leçon

I. Objectives: The student will

1. practice writing basic short and complete sentences

2. review partitive forms, prepositional contractions, and expressions of quantity

3. practice answering short questions, adding prepositional contractions and expressions of quantity

II. Comments on rules and explanation of troublesome points:

1. Partitive forms for affirmative sentences are as follows:
   du (m/s), *de la* (f/s), *de l'* (s/vowel), and *des* (p).

2. Partitive forms for negative sentences are as follows:
   de (consonant), *d'* (vowel).

3. Prepositional contractions exist for:
   à + le = au   and   *à + les = aux.* The forms à + *la* and à + *l'* do not contract.

4. Almost all expressions of quantity are followed by either *de* or *d'*, depending on whether the noun begins with a consonant or a vowel. These expressions are not dependent upon the gender or number of the nouns.

III. Suggestions for extended activities:

1. Dictation

2. Translation

3. Definitions

4. Vocabulary game: "Combien de . . . avez-vous?"

IV. Answers to *Examens*:

Examen 1

1. Non, il n'a pas d'argent.
2. Non, il n'a pas d'eau.
3. Non, je ne voudrais pas acheter de papier.
4. Non, nous n'avons pas d'amis.
5. Non, ils ne donnent pas de papier.
6. Non, il ne veut pas de tasse de thé.
7. Non, je n'ai pas de bouteille de lait.
8. Non, il n'y a pas assez d'eau.
9. Non, il n'y a pas de flacon de parfum là-bas.
10. Non, je n'ai pas trop de devoirs.

Examen 2

1. Nous allons au supermarché.
2. Non, il étudie à la bibliothèque.
3. Nous passons les grandes vacances à la campagne.
4. Non, ils visitent les musées à New York.
5. Non, je reste à la maison de ma grand-mère.
6. Je vois des films au cinéma.
7. Non, je vais à l'école.
8. Non, je vais à la poste.
9. Non, nous allons au match de football.
10. Nous déjeunons au restaurant.

Neuvième Leçon

I. Objectives: The student will

1. practice irregular verb forms in connection with specific idiomatic expressions

2. practice writing affirmative and negative answers to questions

3. review present tense of the irregular verb *apprendre*

II. Comments on rules and explanation of troublesome points:

1. *Apprendre* is an irregular verb. It does not follow the regular *-re* verb conjugation.

2. *Avoir, être,* and *faire* are irregular verbs used in many idiomatic expressions.

III. Suggestions for extended activities:

1. Dictation

2. Translation

3. Definitions

4. Oral drills

IV. Answers to *Examens*:

Examen 1

1. f
2. i
3. a
4. h
5. d
6. b
7. j
8. g
9. c
10. e

Examen 2

1. Do you learn your lessons by heart?

2. She needs to buy a new car.

3. Whose baby is this? (Who does this baby belong to?)

4. I take a walk after school.

5. With whom do you agree?

6. It's dark now. (It is nighttime now.)

7. You need to return before midnight.

8. Do you play tennis with your brother or your sister?

9. Are they hungry?

10. Am I right or wrong?

Dixième Leçon

I. Objectives: The student will

1. practice writing sentences in the future tense

2. practice changing verbs from present to future tense

II. Comments on rules and explanation of troublesome points:

Remember that to form the regular future tense in French, the endings of the present tense of the verb *avoir* (except for the *nous* and *vous* forms) are placed at the end of the infinitive. The *-er* and *-ir* are not dropped, but the *e* of *-re* verbs is dropped before the endings are added. For irregular verbs, an irregular stem is used rather than the infinitive, but the endings remain the same.

III. Suggestions for extended activities:

1. Dictation

2. Translation

3. Definitions

4. Oral drills

IV. Answers to *Examens*:

Examen 1

1. Vous pourrez le faire.

2. Elles déjeuneront chez Anne.

3. Vous descendrez l'escalier.

4. Tu écouteras.

5. J'aurai des disques à écouter.

6. Il voudra aller au ciné.

7. Vous ferez vos devoirs?

8. On maigrira beaucoup.

9. Ils répondront au prof.

10. Nous finirons à 2h30.

Examen 2

1. Je verrai le film demain.
2. Comprendras-tu la question?
3. Est-ce qu'elle saura la poème?
4. Ils viendront chez nous.
5. Nous aurons des livres à lire.
6. Vous ferez le ménage?
7. Quels disques écouteras-tu?
8. Je finirai les devoirs après l'école.
9. Entendras-tu le téléphone?
10. On sera à la surprise-partie.

Onzième Leçon

I. Objectives: The student will

1. practice writing sentences in the *passé composé* (past perfect tense) both affirmatively and negatively

2. distinguish between verbs that use *avoir* and those that use *être* as an auxiliary in the *passé composé*

3. practice answering questions in the *passé composé*

II. Comments on rules and explanation of troublesome points:

1. The regular *passé composé* is formed by using the form of the auxiliary verb (*avoir* or *être*) that agrees with the subject, and the past participle of the verb to be written in the past tense.

2. Past participles for regular verbs are formed by removing the *-er, -ir* or *-re* of the infinitive and adding: for *-er* verbs, *é*, for *-ir* verbs, *i*, and for *-re* verbs, *u*.

3. Transitive verbs use *avoir* as an auxiliary. Intransitive verbs use *être* as an auxiliary.

4. In negative structures, it is the form of *avoir* or *être* that is made negative.

5. Verbs conjugated with *être* in the *passé composé* make an agreement between the past participle and the subject. The agreements are like those made for regular adjectives: m/s—no change; f/s—add *e*; m/p—add *s* (if past participle already ends in *s*, then no additional agreement is made); f/p—add *es*.

III. Suggestions for extended activities:

Duplicate the verb practice charts on pages *xxxvii* and *xxxviii* and use them on a weekly basis for review for several months. Verb practice can never be overemphasized.

IV. Answers to *Examens*:

Examen 1

1. Vous avez écrit des cartes postales.

2. J'ai eu mal à la tête.

3. A qui ont-elles répondu?

4. Qui a fait le ménage?

5. Nous avons lu des livres.

6. Il n'a pas vendu sa voiture.

7. Elle n'est pas sortie le soir.

8. On n'est pas venu à la piscine.

9. Elles ne sont pas entrées avec les étudiants.

10. Ils ne sont pas arrivés à l'heure.

Examen 2

1. Il a été avocat.

2. As-tu choisi le vélo ou la moto?

3. Je n'ai pas écrit de cartes postales.

4. Nous avons eu mal à la tête.

5. Vous êtes allé(s) au ciné hier.

6. Je suis né le 14 mars.

7. Est-elle partie avec son cousin?

8. Nous ne sommes pas entrés en retard.

9. Elle n'a rien fait.

10. Elles ne sont pas mortes l'année passée.

Pratiquons les Verbes

1.	2.	3.	4.	5.	6.	7.	8.	9.	10.	11.

Exercices à écrire avec plaisir

Pratiquons les Verbes

1.	2.	3.	4.	5.	6.	7.	8.	9.	10.

Exercices à écrire avec plaisir

Douzième Leçon: Pratiquons le Présent, le passé composé, et le futur des verbes

I. Objectives: The student will

review the present, past perfect, and future tenses by changing verbs from one tense to another

II. Comments on rules and explanation of troublesome points:

Note that the sentences are short but complete.

This lesson provides an excellent opportunity for quick-change oral drills—short oral sentences in which the student quickly changes verb forms and the teacher corrects on the spot. Students can also conduct this drill, giving this instructor the opportunity to rest his or her vocal chords. Students can be great drillmasters.

III. Suggestions for extended activities:

The two blank charts on pages *xxxvii* and *xxxviii* are included for the teacher to use with the vocabulary and verb forms that are being studied at any particular time in class.

Treizième Leçon

I. Objectives: The student will

1. practice writing answers to questions using possessive adjectives

2. practice answering *"de construction"* questions with possessive adjectives

II. Comments on rules and explanation of troublesome points:

1. Possessive adjectives agree in number and gender with the noun being possessed. Singular subjects have three forms each (m/s, f/s and p), and plural subjects have two forms each (s, p).

2. Any feminine singular noun beginning with a vowel or vowel sound uses the masculine singular possessive (ending in a consonant) for the pronoun equivalents of "my," "your" (sing.), and "his"/"her."

3. Since the English structure " 's" to show possession does not exist in French, the *"de construction"* structure is often used:

   Anne's dog   —   le chien d'Anne

4. If it is not necessary to mention the person's name, the *"de construction"* phrase can be replaced by the appropriate possessive adjective form

   le chien d'Anne   —   son chien

III. Suggestions for extended activities:

1. Dictation

2. Translation

3. Definitions

4. Vocabulary game: Le (la, les) _____ de qui? (Le chapeau de Jacques)
   Possessive adjective (Son chapeau)

5. Oral drills

IV. Answers to *Examens*:

Examen 1

1. Où mettez-vous son papier?

2. Ce sont leurs livres?

3. J'aime beaucoup ses gants.

4. On cherche leur classe.

5. Écoutent-ils ses disques?

6. Trouves-tu son école?

7. Je lis ses histoires.

8. C'est sa nouvelle voiture?

9. Voilà leurs examens.

10. Son perroquet est perdu.

Examen 2

Possible answers:

1. J'ai perdu mon livre.

2. Non, nous ne détestons pas nos classes.

3. Non, ce ne sont pas vos radios.

4. Oui, ils répondent souvent à leurs profs.

5. La date de mon anniversaire est le 5 novembre.

6. Je préfère votre robe.

7. Vous prenez vos repas dans la salle à manger.

8. Oui, tu as trouvé ma radio.

9. Leur mère est en vacances.

10. Oui, j'aime parler à mes amis.

Quatorzième Leçon

I. Objectives: The student will

1. practice writing affirmative and negative sentences using direct and indirect object pronouns

2. review differences between direct and indirect object pronouns

II. Comments on rules and explanation of troublesome points:

1. Direct object pronouns replace noun objects in sentences. They are as follows:

me	nous
te	vous
le, la, l'	les

2. Indirect object pronouns replace noun objects that refer to persons plus the preposition *à* (or its contracted forms: *au*, *à la*, *à l'* and *aux*). They are as follows:

me	nous
te	vous
lui	leur

3. The pronoun *y* replaces any preposition (except *de*) plus a place or a thing.

4. The verb *écouter* always takes a direct object pronoun.

5. The verbs *obéir*, *téléphoner*, *retéléphoner*, and *répondre* always take indirect object pronouns.

III. Suggestions for extended activities:

1. Dictation

2. Translation

3. Definitions

4. Quick change drills (direct → indirect)

5. Oral drills

IV. Answers to *Examens*:

Examen 1

1. Je lui réponds toujours.

2. Nous les finissons.

3. Où l'emmène-t-il?

4. Quand leur téléphonez-vous?

5. Nous ne lui expliquons rien.

6. Je leur obéis toujours.

7. On les achête souvent.

8. Aiment-ils la prendre?

9. Avec qui les écoutez-vous?

10. Lui parles-tu souvent?

Examen 2

1. We obey them.

2. I'm waiting there.

3. Does she hear us?

4. They don't ever give them gifts.

5. You see her at school.

6. She thinks of it.

7. You're not buying them?

8. Do you always explain the questions to me?

9. I choose her (it) often.

10. We don't telephone (call) them.

Deuxième Partie

Première Leçon:
Apprendre à écrire des lettres

I. Objectives: The student will

1. learn how to write a letter in French:

   A. how to address an envelope, and the necessary vocabulary

   B. how to write the courtesy expressions for beginning and ending letters

2. become familiar with some of the vocabulary dealing with mailing letters and the post office in general

II. Comments on rules and explanation of troublesome points:

Francophones use titles of courtesy much more commonly than we do. *Mon cher . . . , Ma chère . . . , Mes cher(e)s . . .* are frequently included as part of the salutation. Stress use of lower-case letters for names of days and months. Notice in street addresses the number comes first, followed by a comma, and that the word *rue* is not capitalized. Dates may also be written in a variety of ways.

III. Suggestions for extended activities:

Using complete sentences, write the definitions of six of the ten following words. For four of the words, write a sentence that illustrates that you know the meaning of the word.

aviser	la lettre	le pays
par avion	la boîte aux lettres	l'enveloppe
le timbre	le facteur	communiquer
répondre		

Deuxième Leçon:
Quelques exemples des lettres

I. Objectives: The student will

continue to learn more about letter writing by reading carefully and translating four sample letters

II. Suggestions for extended activities:

1. Using the dictionary, translate the four sample letters on pages 47 and 48 into English.

   Using complete sentences, write a definition for each of the following words or use the word in a sentence that illustrates that you know its meaning:

cher (chère)	je t'embrasse	l'expéditeur
bien affectueusement	le déstinaire	l'arrondissement

Troisième Leçon:
J'aime envoyer et recevoir des lettres

I. Objectives: The student will

1. learn more about letter writing

2. continue to practice writing by writing complete sentences in Exercices A and B, pages 49–51. There are several possible answers for Exercice A on page 49. Students may select their personal preference.

II. Suggestions for extended activities:

1. Using complete sentences, write a definition for each of the following words, or use the word in a sentence that illustrates that you know its meaning:

remerciement	préférer	la carte postale
recevoir	envoyer	la semaine
la fermeture	la salutation	

Quatrième Leçon:
Je vais écrire ma première lettre en français

I. Objectives: The student will

learn to write his/her first coherent letter in French, using the sample format on page 53. The letter and envelope should be addressed to a specific person and written in complete letter form. It would be ideal if the student could actually send it to someone.

II. Suggestions for extended activities:

Using complete sentences, write a definition for each of the following words, or use the word in a sentence that illustrates that you know its meaning:

occupé(e)	les nouvelles	le copain (la copine)
longtemps	espérer	faire froid (chaud)
le temps	le passe-temps	

Cinquième Leçon:
La famille, les parents, et les amis

I. Objectives: The student will

1. learn *in context* the vocabulary dealing with family, relationships, and friends

2. practice writing complete sentences. It will be necessary for the student to check the semantic accuracy of the sentences in the exercises before rewriting them correctly

II. Suggestions for extended activities:

1. Sentences for dictation

   a. Ma mère est l'épouse de mon père.

   b. Le fils de mon père est mon frère.

   c. Je suis fils (fille) unique.

   d. Chaque famille est composé de quatre personnes.

   e. J'ai beaucoup de petits-enfants.

   f. Mon père et mon oncle sont frères.

   g. Les parents de mes parents sont mes grand-parents.

   h. Ma soeur est la mère de ma nièce.

   i. Je suis la belle-fille de ma belle-mère.

   j. Ma soeur est mariée.

2. Using complete sentences, write the definition of each of the following words, or use the word in a sentence that illustrates that you know its meaning:

unique	le neveu (la nièce)	l'oncle (la tante)
les parents	les aieux	le cousin (la cousine)
les grand-parents	la femme	le mari

3. Write a second letter to a friend or relative describing your family's profile, likes and dislikes, personality, characteristics, etc., given all the details as expressed on page 60.

Sixième Leçon:
Les repas

I. Objectives: The student will

1. learn *in context* the vocabulary dealing with food, meals, and eating out

2. continue to practice writing by making the necessary changes in the exercises and rewriting correctly in complete sentences

3. write a third letter to someone of his/her choice describing one of his/her most recent enjoyable meals, giving all the details as expressed on page 63

II. Suggestions for extended activities:

1. Sentences for dictation

   a. Pour maigrir il faut suivre un régime.

   b. Il faut mettre le rôti au four.

   c. On met du sel et du poivre sur la viande.

   d. On sert le déjeuner vers midi.

   e. J'ai soif; je veux boire.

   f. Après le repas, il faut laver la vaisselle.

   g. Je prends le petit déjeuner très tôt.

   h. Quand j'ai soif, je vais au restaurant.

   i. Avant de s'asseoir à table, il faut mettre le couvert.

   j. Le fruit que j'aime le mieux c'est la poire.

2. Using complete sentences, write the definition of the each of the following words, or use the word in a sentence that illustrates that you know its meaning:

le petit déjeuner	la fourchette	le garçon
le couteau	la cuillère	avoir faim
prendre	le repas	avoir soif
le déjeuner	s'asseoir	la serveuse

3. Students can create their own restaurant menus.

Septième Leçon: Les Distractions

I. Objectives: The student will

1. learn *in context* the vocabulary dealing with entertainment, sports, leisure activities, etc.

2. continue to practice writing complete sentences

3. write a fourth letter to a friend or relative describing one's favorite pastimes according to the directions given on page 66

II. Suggestions for extended activities:

1. Sentences for dictation

   a. Pour nager je préfère aller à la piscine.

b. Un sport très populaire en France c'est le football.

c. Un concert est un programme de musique.

d. La lecture est une distraction pour tous les âges.

e. Celui qui assiste à tous les matchs est un fanatique.

f. Il faut acheter un billet pour aller au spectacle.

g. Je vais au musée pour voir de beaux tableaux.

h. Je regarde la télévision pour voir au feuilleton.

i. A la plage il faut s'habiller en maillot de bain.

j. Une partie de cartes est un jeu tranquille.

2. Using complete sentences, write the definition of each of the following words, or use the word in a sentence that illustrates that you know its meaning:

la natation	acheter	la plage
l'équipe	le ciné	assister à
le film	nager	faire une partie
lire		

Huitième Leçon: Les Carrières et les occupations

I. Objectives: The student will

1. learn *in context* the vocabulary related to jobs and careers

2. continue to practice writing complete sentences

3. write a fifth letter according to the directions given on page 71

II. Suggestions for extended activities

1. Sentences for dictation

a. Quelqu'un qui a fait son droit est avocat.

b. En cas de feu, il faut appeler les pompiers.

c. Si l'eau du robinet ne coule pas, j'appelle le plombier.

d. Un ingénieur travaille, par exemple, dans la production des ordinateurs.

e. L'infirmière soigne les touristes.

f. La personne qui livre le courrier est facteur.

g. Il faut aller à l'église pour trouver le prêtre.

h. Le soldat est dans l'armée.

i. Celui qui soigne les animaux s'appelle vétérinaire.

j. Marie travaille dans un restaurant; elle est serveuse.

2. Using complete sentences, write the definition of the each of the following words, or use the word in a sentence that illustrates that you know its meaning:

travailler	le professeur	le magasin
l'avocat	le (la) malade	l'interprète
soigner		

Neuvième Leçon: La Santé

I. Objectives: The student will

1. learn *in context* the vocabulary dealing with health

2. continue to practice writing complete sentences

3. write a sixth letter to a friend or relative according to the directions given on page 75

II. Suggestions for extended activities:

1. Sentences for dictation

   a. Quand on est malade, on a aussi de la fièvre.

   b. Pour rester en bonne santé, il faut suivre un bon régime.

   c. Il faut se laver les mains avant de manger.

   d. Quand on est malade, on a souvent mal à la tête.

   e. Si je mange trop, j'ai mal à l'estomac.

   f. Si on boit trop, on devient ivre.

   g. Pour avoir un beau sourire, il faut se brosser les dents.

   h. L'exercice est bon pour la santé.

   i. Fumer est très mauvais pour la santé.

   j. La tension nerveuse fatigue plus que l'exercice.

2. Using complete sentences, write the definition of the each of the following words, or use the word in a sentence that illustrates that you know its meaning:

se coucher	être en bonne santé	la santé
se lever	l'exercice	le rhume
les dents	suivre un régime	la grippe
être malade		

Dixième Leçon: L'Argent

I. Objectives: The student will

1. learn *in context* the vocabulary dealing with money

2. continue to practice writing complete sentences

3. write a seventh letter according to the directions given on page 78

II. Suggestions for extended activities

1. Sentences for dictation

   a. Avant de quitter le restaurant, il faut payer l'addition.

   b. Si vous voulez gagner de l'argent, il faut trouver une bonne position.

   c. On peut changer un chèque à la banque.

   d. Tout le monde est content de payer ses impôts.

   e. Le dollar a la même valeur que le franc, le mark et le péso.

   f. La personne qui ne travaille pas reçoit un traitement.

   g. Ce n'est pas important d'épargner son argent.

   h. Le cours de change varie d'un jour à l'autre.

   i. On tient ses chèques dans un carnet de chèques.

   j. Ces billets sont trop chers; j'en veux de moins chers.

2. Using complete sentences, write the definition of each of the following words, or use the word in a sentence that illustrates that you know its meaning:

le chèque	les impôts	le billet
la banque	payer	dépenser
gagner	travailler	la voiture
perdre		

Onzième Leçon: Les Moyens de transport

I. Objectives: The student will

1. learn *in context* the vocabulary dealing with methods of transportation

2. continue to practice writing complete sentences

3. write an eighth letter according to the directions given on page 84

II. Suggestions for extended activities

1. Sentences for dictation

   a. Beaucoup d'élèves vont à l'école en vélo.

   b. Avant de monter en avion, il faut acheter un billet.

   c. Pour voyager en train, il faut aller à la gare.

   d. C'est quelquefois difficile de trouver où stationner la voiture.

   e. En avion on voyage très rapidement.

   f. Beaucoup de touristes voyagent en autocar.

   g. Il y a beaucoup de taxis dans les grandes villes.

   h. A Paris des milliers de gens se servent du métro.

    i. En France il faut avoir seize ans pour conduire une voiture.

    j. Mon copain habite près de chez moi; j'y vais à pied.

2. Using complete sentences, write the definition of the each of the following words, or use the word in a sentence that illustrates that you know its meaning:

l'avion	le billet	l'autobus
le métro	le vélo	conduire une voiture
la gare	la voiture	les touristes
voyager		

Douzième Leçon: Les Voyages/Les Grandes Vacances

I. Objectives: The student will

1. learn *in context* the vocabulary dealing with trips and summer vacation

2. continue to practice writing complete sentences

3. write a ninth letter according to the directions given on page 87

II. Suggestions for extended activities

1. Sentences for dictation

    a. Un touriste typique porte toujours un appareil photographique.

    b. Pendant mes vacances j'envoie des cartes postales à mes amis.

    c. La personne qui fait visiter la ville aux touristes s'appelle un guide.

    d. Avant de partir on achète ses billets au guichet.

    e. Pour partir en vacances on met ses vêtements dans une valise.

    f. Les Français voyagent de préférence en juin et juillet.

    g. Le quatorze juillet n'est pas un jour férié.

    h. Personne ne parle anglais dans les pays étrangers.

    i. Les Français ont cinq semaines de vacances chaque été.

    j. Les Français n'aiment pas voyager à l'étranger.

2. Using complete sentences, write the definition of each of the following words, or use the word in a sentence that illustrates that you know its meaning:

le pays	la valise	la carte postale
l'appareil photographique	le guide	le guichet
faire du camping	visiter	les vacances
l'étranger		

Treizième Leçon: L'Automobile

I. Objectives: The student will

1. learn *in context* the vocabulary dealing with the car
2. continue to practice writing complete sentences
3. write a tenth letter according to the directions given on page 90

II. Suggestions for extended activities

1. Sentences for dictation

   a. Le feu jaune signale de ralentir pour s'arrêter.

   b. Sur toutes les routes, il faut observer la limite de vitesse.

   c. En cas d'accident, il vaut mieux appeler la police.

   d. Pour voir derrière soi, on regarde dans le rétroviseur.

   e. Chaque automobiliste doit avoir une assurance d'automobile.

   f. Il est dangereux de conduire après avoir bu des boissons alcoolisées.

   g. Le dimanche il y a beaucoup de circulation.

   h. Il est plus facile de conduire la nuit.

   i. L'essence ne se vend pas à la station-service.

   j. Cent kilomètres à l'heure est une vitesse normale.

2. Using complete sentences, write the definition of each of the following words, or use the word in a sentence that illustrates that you know its meaning:

la limite de vitesse	la circulation	accélérer
l'assurance	le kilomètre	obtenir
le permis de conduire	l'essence	s'arrêter
l'accident		

Quatorzième Leçon: Le Marché/Les Magasins

I. Objectives: The student will

1. learn *in context* the vocabulary dealing with the market and stores
2. continue to practice writing complete sentences
3. write an eleventh letter according to the directions given on page 96

II. Suggestions for extended activities

1. Sentences for dictation

   a. Dans un grand magasin on vend beaucoup de choses.

   b. A la pharmacie on peut acheter de la pâte dentifrice.

    c. J'achète mon pain chez le boulanger.

    d. Dans un centre commercial, on trouve beaucoup de magasins différents.

    e. En général, les voitures sont bon marché.

    f. A la fin d'une saison, il y a de grandes soldes.

    g. Il y a un grand choix de légumes et de fruits au marché.

    h. Les prix sont très raisonnables à l'orfèvrerie.

    i. J'ai acheté ma montre chez le bijoutier.

    j. Tout est très cher dans un bazar.

2. Using complete sentences, write the definition of the each of the following words, or use the word in a sentence that illustrates that you know its meaning:

le magasin	le boulanger	poster
le bijoutier	le fruit	le légume
le prix	la solde	acheter
la pharmacie		

Quinzième Leçon: J'aime les fêtes

I. Objectives: The student will

1. learn *in context* the vocabulary dealing with parties and party preparation

2. continue to practice writing complete sentences

3. write a twelfth letter according to the directions given on page 99.

II. Suggestions for extended activities

1. Sentences for dictation

    a. Je ferai une fête la semaine prochaine, et il faut envoyer les invitations à mes amis.

    b. La Fête Nationale de la France est le quatorze juillet.

    c. J'aime les fêtes parce que je m'amuse beaucoup.

    d. Tous les invités apportent de beaux cadeaux à la fête d'anniversaire.

    e. Quand la fête se termine, c'est une bonne idée de dire merci avant de partir.

    f. Toutes les fêtes aux États-Unis doivent se terminer à minuit.

    g. Le Jour des Actions de Grâce est une fête nationale importante en France.

    h. Pour Nöel on donne des cadeaux seulement aux enfants.

    i. Très peu de personnes ne fêtent pas leurs anniversaires.

    j. A une fête on peut chanter et danser.

2. Using complete sentences, write the definition of each of the following words, or use the word in a sentence that illustrates that you know its meaning:

la fête	s'amuser	arriver
l'invitation	l'anniversaire	le cadeau
les rafraîchissements	l'invité(e)	partir

Seizième Leçon: Écrivons des Poèmes*

Poetry can be another effective means of enhancing second-language learning. When the theme of a poem or the charm of its language challenges the mind or touches the emotions, language learning and memorization are stimulated. The German polymath Goethe has said, "A teacher who can arouse a feeling . . . for one good poem accomplishes more than he who fills our memory with rows of natural objects classified with name and form."

Poetry is more familiar to us than we realize. A mother's song to her newborn baby has poetic rhyming sounds; nursery rhymes (and TV commercial jingles) are eagerly and apparently effortlessly absorbed by the toddler. Songs may be taught formally in the elementary classroom; others are learned on the playground—perhaps as the rhymes of games—or via TV and recordings. Finally, popular music often provokes thought, arouses emotion, and raises consciousness—for good or ill—in teenagers and young adults.

Not all poetry, however, appeals to all persons. In fact, English teachers would quickly agree that poetry, as taught in school, is not the most popular genre in literature. In French study this lack of popularity perhaps can be attributed to the fact that much traditional poetry appears in language that is not current or "modern." Often, in fact, it appears in archaic form. In the past, such poetry has reached only a few because it seems so remote from today's cultural milieu. Yet poetry has the potential to reach and touch more of its readers and hearers than other genres might, because its subject matter covers such a broad cross-section of universal themes—love, death, joy, sorrow, nature, friends, and so on. When these themes are woven into contemporary experiences through simple, direct, and honest words, poetry can succeed in affecting a significant audience.

Our challenge is to use poetry of a style that is neither too complex and erudite nor too sentimental and remote. As is so often the case, what you yourself love will probably be your best teaching tool—because you will value the emotional content, the sound qualities, and the richness of language and metaphors. The poems that have special significance for you—and your consequent enthusiasm and personal involvement—will be intangible yet significant motivators for your students.

---

*One more very creative writing activity for French I to IV is the writing of poetry. Writing simple poems in a new language can be very exciting. Many students take great pride in creating their *own* poems. This very successful section is taken from Walch's *The French Teacher's Book of Lists* (pages 135–141) by George Giannetti.

Students should be encouraged to memorize poetry, to learn to recite poetry with aplomb and appreciation, and to perform it in public. This is another area where teacher-made cassette recordings for individual study and imitation are most useful.

Students as Poets

Traditionally, students have shunned the poetic, and too many teachers have overlooked the vast potential of this genre as a teaching tool. Some of us, however, by keeping the thematic material relevant and the vocabulary contemporary, have reintroduced poetry, adding a new, affective dimension to student learning of French and other second languages.

We tell our students that sometimes, even without realizing it, we speak in verse and in language that has a certain poetic rhythm. Why not, then, try to write a poem? First, we need a subject. The possibilities are endless. It must be a subject that really holds meaning for individual students, something that they want to talk about—perhaps a personal experience; an emotion, happy or sad, interesting or discouraging, funny or frightening; a portrait of someone they like or dislike, admire or despise; the description of a favorite place, a familiar animal, a knick-knack, or their own *bête noire*. Tell your students to let their imaginations wander, to let their figures of speech and rhythm harmonize with their subject. The result may very well be an expressive and stirring poem!

Many students have had poetry-writing experience in elementary school, using the pattern of Japanese *haiku*, so they should respond easily to this suggestion.

Here is an easy poetic form for your students to use.

Le cinquain: The cinquain is a poetic form invented by Adelaide Crapsey to be the American equivalent of the Japanese *haiku* or *tanka*. It is so named because it is made up of only 5 lines using this pattern:

> Line 1:   2 syllables
>
> Line 2:   4 syllables
>
> Line 3:   6 syllables
>
> Line 4:   8 syllables
>
> Line 5:   2 syllables

In order to encourage students to write poetry, we can make the poem more flexible, still keeping the five-line format. Here are some suggestions for this composition:

Line 1:   States the subject in one word (frequently a noun—a person, place, or thing).

Line 2:   Describes the subject in two words (frequently two adjectives, or a noun and an adjective).

Line 3:   Describes action about the subject in three words (frequently a three-word sentence, three infinitives, or three participles).

Line 4:   Expresses emotion or feeling about the subject in few words.

Line 5:   Restates the subject by reflecting what has already been said in another word (frequently a noun).

Both of these formats provide an active and effective way for students to use French vocabulary and parts of speech that they all too often encounter in a largely passive manner.

Première Partie:

Pratiquons à écrire

PREMIÈRE LEÇON

Directions: Lisez le modèle. Ensuite, complétez les phrases, en employant le modèle comme guide.

Exercice A: Il y a un livre là-bas.

1. Il y a une porte là-bas .
2. Il y a un professeur là-bas .
3. Il y a un stylo là-bas .
4. Il y a une table là-bas .
5. Il y a une fenêtre là-bas .
6. Il y a un crayon là-bas .

Exercice B: Y a-t-il un étudiant ici?

1. Y a-t-il une étudiante ici ?
2. Y a-t-il une chaise ici ?
3. Y a-t-il un bureau ici ?
4. Y a-t-il un crayon ici ?
5. Y a-t-il un cahier ici ?
6. Y a-t-il une table ici ?

Exercice C: On ne regarde pas la télé.

1. Tu ne regardes pas la télé .
2. Nous ne regardons pas la télé .
3. Maman ne regarde pas la télé .
4. Vous ne regardez pas la télé .
5. Je ne regarde pas la télé .
6. Les enfants ne regardent pas la télé .

Exercice D: Est-ce que tu choisis le livre?

1. Est-ce que Françoise choisit le livre ?
2. Est-ce que je choisis le livre ?
3. Est-ce que vous choisissez le livre ?
4. Est-ce que les étudiants choisissent le livre ?
5. Est-ce que nous choisissons le livre ?
6. Est-ce que Papa choisit le livre ?

Directions: Faites les changements nécessaires selon le modèle. Écrivez les phrases complètes.

Exercice E: Est-ce que Papa vend la maison? Non, il ne vend pas la maison.

1. Est-ce que tu vends la voiture? Non, je ne vends pas la voiture.
2. Est-ce que nous vendons le vélo? Non, vous ne vendez pas le vélo.
3. Est-ce que Janine vend les cahiers? Non, elle ne vend pas les cahiers.
4. Est-ce que les hommes vendent l'école? Non, ils ne vendent pas l'école.
5. Est-ce que vous vendez la moto? Non, nous ne vendons pas la moto.
6. Est-ce qu'on vend le tableau? Non, on ne vend pas le tableau.

Première Leçon (continuée)

Exercice F: J'aime parler au téléphone.   Est-ce que j'aime parler au téléphone?

1. Il aime parler au téléphone.   Est-ce qu'il aime parler au téléphone?

2. Vous aimez parler au téléphone.   Est-ce que vous aimez parler au téléphone?

3. On aime parler au téléphone.   Est-ce qu'on aime parler au téléphone?

4. Elles aiment parler au téléphone.   Est-ce qu'elles aiment parler au téléphone?

5. Tu aimes parler au téléphone.   Est-ce que tu aimes parler au téléphone?

QUESTIONS ET RÉPONSES

Directions: Récrivez les phrases suivantes comme questions. (N'oubliez pas qu'il y a plus d'une façon pour écrire une question.)

1. Il y a un professeur là-bas.   Est-ce qu'il y a un professeur là-bas?

2. Le stylo est près du crayon.   Est-ce que le stylo est près du crayon?

3. Nous avons deux soeurs.   Est-ce que nous avons deux soeurs?

4. Il y a trois fenêtres dans la salle de classe.   Est-ce qu'il y a trois fenêtres dans la salle de classe?

5. Maman n'a pas de frères.   Est-ce que Maman n'a pas de frères?

6. Paul a une nièce ou un neveu.   Paul a-t-il une nièce ou un neveu?

7. Ta grand-mère est morte.   Ta grand-mère est-elle morte?

8. La porte est là-bas.   La porte est-elle là-bas?

9. Ma cousine est ici.   Ma cousine est-elle ici?

10. La clef est dans le bureau.   La clef est-elle dans le bureau?

11. Le professeur a trente étudiants.   Est-ce que le professeur a trente étudiants?

12. Ils achètent des crayons.   Est-ce qu'ils achètent des crayons?

13. Ton oncle est au lycée.   Est-ce que ton oncle est au lycée?

14. Les étudiants sont près de la porte.   Est-ce que les étudiants sont près de la porte?

Première Leçon (*continuée*)

15. Ce sont des livres. Est-ce que ce sont des livres?

16. Le professeur parle aux étudiants. Le professeur parle-t-il aux étudiants?

17. Il y a une table et deux chaises. Y a-t-il une table et deux chaises?

18. Ton cousin est avec ta tante. Ton cousin est-il avec ta tante?

19. Ma famille est grande. Ma famille est-elle grande?

20. Tu regardes le cahier. Regardes-tu le cahier?

DEUXIÈME LEÇON

Directions: Lisez le modèle. Ensuite, complétez les phrases, en employant le modèle comme guide.

Exercice A: J'étudie toujours.

1. Nous __étudions toujours.__ .

2. Claire __étudie toujours.__ .

3. Ils __étudient toujours.__ .

4. Tu __étudies toujours.__ .

5. Vous __étudiez toujours.__ .

6. Les garçons __étudient toujours.__ .

Exercice B: Il finit les devoirs.

1. Elles __finissent les devoirs.__ .

2. Vous __finissez les devoirs.__ .

3. Je __finis les devoirs.__ .

4. On __finit les devoirs.__ .

5. Nous __finissons les devoirs.__ .

6. Tu __finis les devoirs.__ .

Exercice C: Ils entendent le téléphone.

1. J' __entends le téléphone__ .

2. Les filles __entendent le téléphone__ .

3. Nous __entendons le téléphone__ .

4. Tu __entends le téléphone__ .

5. Marc __entend le téléphone__ .

6. Vous __entendez le téléphone__ .

Exercice D: Vous désirez dîner maintenant?

1. Tu __désires dîner maintenant?__ ?

2. Papa __désire dîner maintenant?__ ?

3. Elles __désirent dîner maintenant?__ ?

4. On __désire dîner maintenant?__ ?

5. Je __désire dîner maintenant?__ ?

6. Nous __désirons dîner maintenant?__ ?

Directions: Faites les changements nécessaires selon le modèle. Écrivez les phrases complètes.

Exercice E: C'est une porte.   Ce sont des portes.

1. C'est un professeur. __Ce sont des professeurs.__

2. C'est une fenêtre. __Ce sont des fenêtres.__

3. C'est une étudiante. __Ce sont des étudiantes.__

4. C'est un étudiant. __Ce sont des étudiants.__

Deuxième Leçon (continuée)

5. C'est une clef. ___Ce sont des clefs.___

6. C'est un livre. ___Ce sont des livres.___

Exercice F: Il y a une mère.   Il n'y a pas de mère.

1. Il y a un père. ___Il n'y a pas de père.___

2. Il y a un frère. ___Il n'y a pas de frère.___

3. Il y a une tante. ___Il n'y a pas de tante.___

4. Il y a une soeur. ___Il n'y a pas de soeur.___

5. Il y a un oncle. ___Il n'y a pas d'oncle.___

Questions et réponses

Directions: Répondez aux questions suivantes avec une phrase complète. Faites attention à la grammaire.

1. A qui parles-tu au téléphone? ___Answers will vary.___

2. Choisissent-ils souvent les films français? ___Answers will vary.___

3. Quand est-ce que vous étudiez? ___Answers will vary.___

4. Où est-ce qu'on dîne? ___Answers will vary.___

5. Vendez-vous le vélo ou la moto? ___Answers will vary.___

6. Qu'est-ce que tu regardes à la télé? ___Answers will vary.___

7. Qu'est-ce que Papa ne vend pas? ___Answers will vary.___

8. Étudions-nous toujours? ___Answers will vary.___

9. Quand est-ce qu'il parle au téléphone? ___Answers will vary.___

10. Qui désire vendre la maison? ___Answers will vary.___

11. Quels films choisissez-vous? ___Answers will vary.___

12. A quelle heure finis-tu les devoirs? ___Answers will vary.___

Deuxième Leçon *(continuée)*

13. Quel tableau vend-on? _____Answers will vary._____

14. Regardez-vous les documentaires? _____Answers will vary._____

15. Qu'est-ce que Maman ne choisit pas? _____Answers will vary._____

16. Quand parlons-nous au téléphone? _____Answers will vary._____

17. Quand est-ce que Marc arrive? _____Answers will vary._____

18. Où finit-on les devoirs? _____Answers will vary._____

19. Dînent-ils dans quelques minutes? _____Answers will vary._____

20. Qu'est-ce que tu entends? _____Answers will vary._____

TROISIÈME LEÇON

Directions: Lisez le modèle. Ensuite, complétez les phrases, en employant le modèle comme guide.

Exercice A: Tu ne grossis pas.

1. Jacqueline _ne grossit pas_ .
2. Nous _ne grossissons pas_ .
3. Je _ne grossis pas_ .
4. Ils _ne grossissent pas_ .
5. Vous _ne grossissez pas_ .
6. On _ne grossit pas_ .

Exercice B: Elle descend tout de suite.

1. Nous _descendons tout de suite_ .
2. Je _descends tout de suite_ .
3. Papa _descend tout de suite_ .
4. Tu _descends tout de suite_ .
5. On _descend tout de suite_ .
6. La classe _descend tout de suite_ .

Directions: Faites les changements nécessaires selon le modèle. Écrivez les phrases complètes.

Exercice C: Je réponds quelquefois au professeur.   Nous répondons quelquefois au professeur.

1. Tu réponds quelquefois au professeur. _Vous répondez quelquefois au professeur._
2. Il répond quelquefois au professeur. _Ils répondent quelquefois au professeur._
3. Elle répond quelquefois au professeur. _Elles répondent quelquefois au professeur._
4. Nous n'attendons jamais au lycée. _Je n'attends jamais au lycée._
5. Vous n'attendez jamais au lycée. _Tu n'attends jamais au lycée._
6. Ils n'attendent jamais au lycée. _Il n'attend jamais au lycée._
7. Elles n'attendent jamais au lycée. _Elle n'attend jamais au lycée._

Troisième Leçon (continuée)

Exercice D: Est-ce que tu choisis les disques?   Je ne choisis rien.

1. Est-ce qu'elle choisit les disques? __Elle ne choisit rien.__

2. Est-ce que vous choisissez les disques? __Nous ne choisissons rien.__

3. Est-ce qu'ils choisissent les disques? __Ils ne choisissent rien.__

4. Est-ce que je choisis les disques? __Tu ne choisis rien.__

5. Est-ce que nous choisissons les disques? __Vous ne choisissez rien.__

6. Est-ce qu'on choisit les disques? __On ne choisit rien.__

QUESTIONS ET RÉPONSES

Directions: Répondez aux questions suivantes avec une phrase complète. Faites attention à la grammaire.

1. Est-ce qu'on travaille à la bibliothèque? __Answers will vary.__

2. Est-ce que Maman grossit? __Answers will vary.__

3. Entendez-vous la radio? __Answers will vary.__

4. Aiment-ils faire du vélo? __Answers will vary.__

5. Qui répond au professeur? __Answers will vary.__

6. Attendez-vous au lycée? __Answers will vary.__

7. Qui punit les mauvais étudiants? __Answers will vary.__

8. Quand travaille-t-il? __Answers will vary.__

9. Qu'est-ce qu'on aime faire? __Answers will vary.__

10. Tu choisis les disques ou les cassettes? __Answers will vary.__

11. Études-tu dans ta chambre? __Answers will vary.__

12. Aimez-vous faire des promenades? __Answers will vary.__

13. Qu'est-ce qu'on ne choisit jamais? __Answers will vary.__

14. Regarde-t-elle la télé chez des amis? __Answers will vary.__

Troisième Leçon (continuée)

15. Quand répondez-vous en classe? ___Answers will vary.___

16. A quelle heure jouons-nous au basket? ___Answers will vary.___

17. Travailles-tu avec tes cousins? ___Answers will vary.___

18. Rendent-ils toujours les livres à l'heure? ___Answers will vary.___

19. Où est-ce qu'on travaille le soir? ___Answers will vary.___

20. Fais-tu du ski en juillet? ___Answers will vary.___

QUATRIÈME LEÇON

Directions: Lisez le modèle. Ensuite, complétez les phrases, en employant le modèle comme guide.

Exercice A:

Qu'est-ce que tu fais après l'école?

1. Qu'est-ce qu' on fait après l'école ?

2. Qu'est-ce que nous faisons après l'école ?

3. Qu'est-ce que les profs font après l'école ?

4. Qu'est-ce que je fais après l'école ?

5. Qu'est-ce que vous faites après l'école?

6. Qu'est-ce que tout le monde fait après l'école ?

Exercice B:

Est-ce qu'ils sont à la bibliothèque?

1. Est-ce que tu es à la bibliothèque ?

2. Est-ce que la classe est à la bibliothèque ?

3. Est-ce que je suis à la bibliothèque ?

4. Est-ce que nous sommes à la bibliothèque ?

5. Est-ce qu' elle est à la bibliothèque ?

6. Est-ce que vous êtes à la bibliothèque ?

Exercice C: Janine a quelquefois mal à la tête.

1. Le professeur a quelquefois mal à la tête .

2. J' ai quelquefois mal à la tête .

3. Vous avez quelquefois mal à la tête .

4. Les étudiants ont quelquefois mal à la tête .

5. Tu as quelquefois mal à la tête .

6. Nous avons quelquefois mal à la tête .

Exercice D: Je ne vais jamais au ciné le dimanche.

1. Les enfants ne vont jamais au ciné le dimanche .

2. La classe ne va jamais au ciné le dimanche .

3. Nous n'allons jamais au ciné le dimanche .

4. Tu ne vas jamais au ciné le dimanche .

Quatrième Leçon (continuée)

5. Elle _ne va jamais au ciné le dimanche_____ .

6. Vous _n'allez jamais au ciné le dimanche_____ .

Directions: Faites les changements nécessaires selon le modèle. Écrivez les phrases complètes.

Exercice E: Je ne fais rien le samedi.   Nous ne faisons rien le samedi.

1. Tu ne fais rien le samedi.   _Vous ne faites rien le samedi._____

2. Il ne fait rien le samedi.   _Ils ne font rien le samedi._____

3. Elle ne fait rien le samedi.   _Elles ne font rien le samedi._____

4. Nous n'allons plus à la piscine.   _Je ne vais plus à la piscine._____

5. Vous n'allez plus à la piscine.   _Tu ne vas plus à la piscine._____

6. Ils ne vont plus à la piscine.   _Il ne va plus à la piscine._____

7. Elles ne vont plus à la piscine.   _Elle ne va plus à la piscine._____

Exercice F: Elle va au musée avec ses amis.   Est-ce qu'elle va au musée avec ses amis?

1. Tu vas au musée avec tes amis.   _Est-ce que tu vas au musée avec tes amis?___

2. Les enfants vont au musée avec leurs amis.

   _Est-ce que les enfants vont au musée avec leurs amis?_____

3. Vous allez au musée avec vos amis.   _Est-ce que vous allez au musée avec vos amis?___

4. Nous allons au musée avec nos amis.   _Est-ce que nous allons au musée avec nos amis?___

5. On va au musée avec ses amis.   _Est-ce qu'on va au musée avec ses amis?___

QUESTIONS ET RÉPONSES

Directions: Répondez aux questions suivantes avec une phrase complète. Faites attention à la grammaire.

1. Qu'est-ce que tu fais demain?   _Answers will vary._____

2. Va-t-on à la poste le dimanche?   _Answers will vary._____

Quatrième Leçon *(continuée)*

3. Qui a souvent mal à la tête? ____Answers will vary.____

4. Pourquoi vas-tu à l'école? ____Answers will vary.____

5. Est-ce qu'elle va au musée avec ses amis? ____Answers will vary.____

6. Où voit-on des fleurs? ____Answers will vary.____

7. A quelle heure vont-ils au supermarché? ____Answers will vary.____

8. Qu'est-ce que tu achètes pour l'anniversaire de Jacqueline? ____Answers will vary.____

9. Sont-ils à la bibliothèque? ____Answers will vary.____

10. Parlez-vous français? ____Answers will vary.____

11. Allons-nous au ciné après l'école? ____Answers will vary.____

12. Qu'est-ce qu'on apprend à l'école? ____Answers will vary.____

13. Qui ne va plus à la piscine? ____Answers will vary.____

14. Faites-vous du ski en février? ____Answers will vary.____

15. Qu'est-ce que je fais le samedi? ____Answers will vary.____

16. Où sommes-nous maintenant? ____Answers will vary.____

17. Fait-on des achats à la piscine? ____Answers will vary.____

18. Allez-vous finir vos devoirs ce soir? ____Answers will vary.____

19. Est-ce que le professeur a quelquefois mal à la tête? ____Answers will vary.____

20. Où est la piscine? ____Answers will vary.____

CINQUIÈME LEÇON

Directions: Lisez le modèle. Ensuite, complétez les phrases, en employant le modèle comme guide.

Exercice A: Est-ce que tu lis un journal?

1. _Est-ce que_ vous _lisez un journal_ ?
2. _Est-ce qu'_ ils _lisent un journal_ ?
3. _Est-ce que_ nous _lisons un journal_ ?
4. _Est-ce que_ la classe _lit un journal_ ?
5. _Est-ce que_ les étudiants _lisent un journal_ ?
6. _Est-ce que_ je _lis un journal_ ?

Exercice B: Qu'est-ce que vous dites?

1. _Qu'est-ce qu'_ elle _dit_ ?
2. _Qu'est-ce qu'_ ils _disent_ ?
3. _Qu'est-ce que_ je _dis_ ?
4. _Qu'est-ce que_ nous _disons_ ?
5. _Qu'est-ce que_ le prof _dit_ ?
6. _Qu'est-ce que_ tu _dis_ ?

Exercice C: Nous n'écrivons jamais de lettres.

1. Tu _n'écris jamais de lettres_ .
2. Suzanne _n'écrit jamais de lettres_ .
3. Je _n'écris jamais de lettres_ .
4. On _n'écrit jamais de lettres_ .
5. Vous _n'écrivez jamais de lettres_ .
6. Les enfants _n'écrivent jamais de lettres_ .

Exercice D: Vous ne voulez pas aller au ciné?

1. Il _ne veut pas aller au ciné_ ?
2. Je _ne veux pas aller au ciné_ ?
3. Nous _ne voulons pas aller au ciné_ ?
4. Tu _ne veux pas aller au ciné_ ?
5. Elles _ne veulent pas aller au ciné_ ?
6. Qui _ne veut pas aller au ciné_ ?

Exercice E: Qu'est-ce que je peux faire?

1. _Qu'est-ce qu'_ on _peut faire_ ?
2. _Qu'est-ce que_ vous _pouvez faire_ ?
3. _Qu'est-ce que_ les étudiants _peuvent faire_ ?
4. _Qu'est-ce que_ nous _pouvons faire_ ?
5. _Qu'est-ce que_ tu _peux faire_ ?
6. _Qu'est-ce que_ Marie _peut faire_ ?

Exercice F: Ils ne savent pas la réponse.

1. Tu _ne sais pas la réponse._ .
2. Nous _ne savons pas la réponse._ .
3. Elle _ne sait pas la réponse._ .
4. On _ne sait pas la réponse._ .
5. Je _ne sais pas la réponse._ .
6. Vous _ne savez pas la réponse._ .

Cinquième Leçon *(continuée)*

Directions: Faites les changements nécessaires selon le modèle. Écrivez les phrases complètes.

Exercice G: Est-ce qu'on veut rendre visite à Tante Régine?   Non, on ne peut pas le faire.

1. Est-ce que nous voulons rendre visite à Tante Régine? ___Non, vous ne pouvez pas le faire.___

2. Est-ce qu'ils veulent rendre visite à Tante Régine? ___Non, ils ne peuvent pas le faire.___

3. Est-ce que je veux rendre visite à Tante Régine? ___Non, tu ne peux pas le faire.___

4. Est-ce que vous voulez rendre visite à Tante Régine? ___Non, nous ne pouvons pas le faire.___

5. Est-ce que Georges veut rendre visite à Tante Régine? ___Non, il ne peut pas le faire.___

6. Est-ce que tu veux rendre visite à Tante Régine? ___Non, je ne peux pas le faire.___

QUESTIONS ET RÉPONSES

Directions: Répondez aux questions suivantes avec une phrase complète. Faites attention à la grammaire.

1. Qui n'écrit pas de lettres? ___Answers will vary.___

2. Qu'est-ce que vous dites au professeur à la fin de la classe? ___Answers will vary.___

3. Qu'est-ce que nous faisons en classe? ___Answers will vary.___

4. Peut-il aller au ciné ce soir? ___Answers will vary.___

5. Qu'est-ce que vous savez faire? ___Answers will vary.___

6. A qui rendons-nous visite? ___Answers will vary.___

7. Qu'est-ce qu'on écrit en classe? ___Answers will vary.___

8. Qu'est-ce que Suzanne peut faire? ___Answers will vary.___

9. Lit-il un journal ou une revue? ___Answers will vary.___

10. A qui écrivent-ils des cartes postales? ___Answers will vary.___

11. Savez-vous parler français? ___Answers will vary.___

12. Qu'est-ce que le professeur dit? ___Answers will vary.___

13. Qu'est-ce qu'il faut avoir pour apprendre? ___Answers will vary.___

14. Qu'est-ce que tu veux faire ce soir? ___Answers will vary.___

Cinquième Leçon (continuée)

15. A qui disent-ils «bonjour»? _____Answers will vary._____

16. N'écris-tu jamais de lettres? _____Answers will vary._____

17. Qui est souvent en classe? _____Answers will vary._____

18. Quand lisons-nous le journal? _____Answers will vary._____

19. Faites-vous des devoirs le dimanche? _____Answers will vary._____

20. Pourquoi lisez-vous des livres? _____Answers will vary._____

SIXIÈME LEÇON

Directions: Faites les changements nécessaires selon le modèle. Écrivez les phrases complètes.

Exercice A: Papa se rase-t-il?   Non, il ne se rase pas maintenant.

1. Te rases-tu?   Non, je me rase pas maintenant.

2. Vous rasez-vous?   Non, nous ne nous rasons pas maintenant.

3. Les garçons se rasent-ils?   Non, les garçons ne se rasent pas maintenant.

4. Nous rasons-nous?   Non, vous ne vous rasez pas maintenant.

5. Se rase-t-on?   Non, on ne se rase pas maintenant.

6. Tes frères se rasent-ils?   Non, mes frères ne se rasent pas maintenant.

Exercice B: Vous vous dépêchez?   Dépêchez-vous!

1. Vous vous endormez?   Endormez-vous!

2. Vous vous levez?   Levez-vous!

3. Vous vous asseyez?   Asseyez-vous!

4. Vous vous habillez?   Habillez-vous!

5. Vous vous taisez?   Taisez-vous!

Exercice C: Tu ne couches pas?   Couche-toi!

1. Tu ne t'assieds pas?   Assieds-toi!

2. Tu ne t'en vas pas?   Va-t'en!

3. Tu ne te lèves pas?   Lève-toi!

4. Tu ne te deshabilles pas?   Deshabille-toi!

Exercice D: Dépêchez-vous!   Ne vous dépêchez pas!

1. Tais-toi!   Ne te tais pas!

2. Levez-vous!   Ne vous levez pas!

Sixième Leçon (continuée)

3. Assieds-toi! ___Ne t'assieds pas!___

4. Deshabillez-vous! ___Ne vous deshabillez pas!___

5. Va-t'en! ___Ne t'en va pas!___

Exercice E: Je lis et j'écris en classe.   Qu'est-ce que tu fais en classe?

1. Vous lisez et vous écrivez en classe. ___Qu'est-ce que nous faisons en classe?___

2. Elle lit et elle écrit en classe. ___Qu'est-ce qu'elle fait en classe?___

3. On lit et on écrit en classe. ___Qu'est-ce qu'on fait en classe?___

4. Nous lisons et nous écrivons en classe. ___Qu'est-ce que vous faites en classe?___

5. Ils lisent et ils écrivent en classe. ___Qu'est-ce qu'ils font en classe?___

6. Tu lis et tu écris en classe. ___Qu'est-ce que je fais en classe?___

QUESTIONS ET RÉPONSES

Directions: Répondez aux questions suivantes avec une phrase complète. Faites attention à la grammaire.

1. A quelle heure te lèves-tu? ___Answers will vary.___

2. Est-ce que les étudiants s'ennuient en classe? ___Answers will vary.___

3. Où pouvons-nous nous asseoir? ___Answers will vary.___

4. Se lève-t-il tôt ou tard? ___Answers will vary.___

5. Vous habillez-vous vite? ___Answers will vary.___

6. Qui se rase le matin? ___Answers will vary.___

7. Pourquoi te dépêches-tu? ___Answers will vary.___

8. A quelle heure se couchent-ils? ___Answers will vary.___

9. Vous habillez-vous ou vous deshabillez-vous le soir? ___Answers will vary.___

10. Qui s'endort en classe? ___Answers will vary.___

11. Pourquoi le professeur ne s'ennuie-t-il pas? ___Answers will vary.___

12. Quand vous levez-vous? ___Answers will vary.___

Sixième Leçon (continuée)

13. Où t'énerves-tu? _____Answers will vary._____

14. Nous couchons-nous dans le salon? _____Answers will vary._____

15. Peut-il se dépêcher? _____Answers will vary._____

16. Pourquoi est-ce que tu t'en vas? _____Answers will vary._____

17. Nous asseyons-nous près de la fenêtre ou près de la porte? _____Answers will vary.__

18. S'endorment-ils vite le soir? _____Answers will vary._____

19. Quand vous rasez-vous? _____Answers will vary._____

20. Où se lave-t-il le matin? _____Answers will vary._____

SEPTIÈME LEÇON

Directions: Faites les changements nécessaires selon le modèle. Écrivez les phrases complètes.

Exercice A: Nous sommes optimistes!   Mais non, vous êtes pessimistes!

1. Nous sommes riches!   Mais non, vous êtes pauvres!

2. Nous sommes faciles!   Mais non, vous êtes difficiles!

3. Nous sommes intelligents!   Mais non, vous êtes bêtes!

4. Nous sommes contents!   Mais non, vous êtes tristes!

5. Nous sommes célèbres!   Mais non, vous êtes inconnus!

6. Nous sommes forts!   Mais non, vous êtes faibles!

Exercice B: Jacques est fort. Et Marie?   Marie est forte, aussi.

1. Jacques est intelligent. Et Marie?   Marie est intelligente, aussi.

2. Jacques est sérieux. Et Marie?   Marie est sérieuse, aussi.

3. Jacques est petit. Et Marie?   Marie est petite, aussi.

4. Jacques est nerveux. Et Marie?   Marie est nerveuse, aussi.

5. Jacques est parfait. Et Marie?   Marie est parfaite, aussi.

6. Jacques est grand. Et Marie?   Marie est grande, aussi.

Exercice C: Le livre est grand?   Oui, c'est un grand livre.

1. La maison est grande?   Oui, c'est une grande maison.

2. Le garçon est petit?   Oui, c'est un petit garçon.

3. La fille est petite?   Oui, c'est une petite fille.

4. Le frère est beau?   Oui, c'est un beau frère.

5. La soeur est belle?   Oui, c'est une belle soeur.

6. Le père est vieux?   Oui, c'est un vieux père.

Septième Leçon (continuée)

7. La mère est vieille? _Oui, c'est un vieille mère._

8. Le vélo est nouveau? _Oui, c'est un nouveau vélo._

9. La voiture est nouvelle? _Oui, c'est une nouvelle voiture._

Exercice D: Il y a un joli livre là-bas.   Il y a de jolis livres là-bas.

1. Il y a une jolie fille là-bas. _Il y a de jolies filles là-bas._

2. Il y a un autre étudiant là-bas. _Il y a d'autres étudiants là-bas._

3. Il y a une autre étudiante là-bas. _Il y a d'autres étudiantes là-bas._

4. Il y a un bon dessert là-bas. _Il y a de bons desserts là-bas._

5. Il y a une bonne pomme là-bas. _Il y a de bonnes pommes là-bas._

6. Il y a un mauvais journal là-bas. _Il y a de mauvais journaux là-bas._

7. Il y a une mauvaise revue là-bas. _Il y a de mauvaises revues là-bas._

QUESTIONS ET RÉPONSES

Directions: Répondez aux questions suivantes avec une phrase complète. Faites attention à la grammaire.

1. As-tu un grand livre? _Answers will vary._

2. Quelles sorte de classe est la classe de français? _Answers will vary._

3. Qui est célèbre? _Answers will vary._

4. Tu as des amis riches ou pauvres? _Answers will vary._

5. Pourquoi les étudiants sont-ils optimistes? _Answers will vary._

6. Cette leçon est-elle difficile ou facile? _Answers will vary._

7. C'est une bonne pomme? _Answers will vary._

8. Quelles sortes de livres préfères-tu? _Answers will vary._

9. Le professeur est-il tranquille? _Answers will vary._

10. La classe est grande ou petite? _Answers will vary._

11. Qui est content(e)? _Answers will vary._

Septième Leçon (continuée)

12. Les soeurs sont-elles amusantes? Answers will vary.

13. Les vélos sont nouveaux ou vieux? Answers will vary.

14. Où sont les hommes forts? Answers will vary.

15. Pourquoi est-ce que les étudiants sont pauvres? Answers will vary.

16. Ton cousin est intelligent? Answers will vary.

17. L'homme au cirque, est-il fort ou faible? Answers will vary.

18. Les beaux hommes sont français? Answers will vary.

19. Pourquoi Robert est-il irrésistible? Answers will vary.

20. Êtes-vous content(e) ou triste? Answers will vary.

HUITIÈME LEÇON

Directions: Lisez le modèle. Ensuite, complétez les phrases, en employant le modèle comme guide.

Exercice A: Je voudrais acheter du papier.

1. <u>Je voudrais acheter des</u> crayons.
2. <u>Je voudrais acheter de</u> l'eau minérale.
3. <u>Je voudrais acheter de la</u> glace.
4. <u>Je voudrais acheter des</u> gants.
5. <u>Je voudrais acheter du</u> café.
6. <u>Je voudrais acheter des</u> bas.

Exercice B: Mais non, pas de glace. Merci.

1. <u>Mais non, pas de</u> thé. Merci.
2. <u>Mais non, pas de</u> cadeaux. Merci.
3. <u>Mais non, pas d'</u> orangeade. Merci.
4. <u>Mais non, pas de</u> disques. Merci.
5. <u>Mais non, pas d'</u> encre. Merci.
6. <u>Mais non, pas d'</u> examens. Merci.

Directions: Faites les changements nécessaires selon le modèle. Écrivez les phrases complètes.

Exercice C: Voulez-vous du thé? (une tasse) Oui, une tasse de thé, s'il vous plaît.

1. A-t-il de l'argent? (beaucoup) <u>Oui, il a beaucoup d'argent.</u>
2. Est-ce que j'ai du temps? (assez) <u>Oui, tu as assez de temps.</u>
3. Achètes-tu du parfum? (un flacon) <u>Oui, j'achète un flacon de parfum.</u>
4. Il y a de l'eau? (un verre) <u>Oui, il y a un verre d'eau.</u>
5. Avons-nous des amis? (trop) <u>Oui, vous avez trop d'amis.</u>
6. Donnent-ils du papier? (un peu) <u>Oui, ils donnent un peu de papier.</u>

Exercice D: Partons-nous en vacances? (rester, maison) Non, vous restez à la maison.

1. Part-il en vacances? (rester, supermarché) <u>Non, il reste au supermarché.</u>
2. Pars-tu en vacances? (marcher, lycée) <u>Non, je marche au lycée.</u>
3. Part-on en vacances? (aller, église) <u>Non, on va à l'église.</u>
4. Partent-ils en vacances? (rentrer, hôpital) <u>Non, ils rentrent à l'hôpital.</u>

Huitième Leçon (continuée)

5. Partez-vous en vacances? (rester, montagne) __Non, nous restons à la montagne.__

6. Part-elle en vacances? (déjeuner, restaurant) __Non, elle déjeune au restaurant.__

Exercice E: Qu'est-ce que tu dis?   Tu ne sais pas.

1. Qu'est-ce que le professeur dit? __Le professeur ne sait pas.__

2. Qu'est-ce que nous disons? __Nous ne savons pas.__

3. Qu'est-ce que je dis? __Je ne sais pas.__

4. Qu'est-ce que vous dites? __Vous ne savez pas.__

5. Qu'est-ce qu'ils disent? __Ils ne savent pas.__

6. Qu'est-ce que la classe dit? __La classe ne sait pas.__

QUESTIONS ET RÉPONSES

Directions: Répondez aux questions suivantes avec une phrase complète. Faites attention à la grammaire.

1. Combien d'argent as-tu? __Answers will vary.__

2. Où passons-nous les grandes vacances? __Answers will vary.__

3. Quand part-il en vacances? __Answers will vary.__

4. Voulez-vous une tasse de thé? Oui, __Answers will vary.__

5. Pourquoi n'y a-t-il pas assez de lait? __Answers will vary.__

6. Aimes-tu voir des films étrangers? __Answers will vary.__

7. Où faut-il aller pour s'amuser? __Answers will vary.__

8. Où allez-vous demain? __Answers will vary.__

9. A-t-on assez de temps pour voir la fin du film? __Answers will vary.__

10. Qu'est-ce que tu voudrais acheter? __Answers will vary.__

11. Veut-elle du café ou de l'eau? __Answers will vary.__

12. Combien d'amis ont-ils? __Answers will vary.__

13. Restez-vous aux montagnes en décembre? __Answers will vary.__

Huitième Leçon (continuée)

14. Faut-il beaucoup d'argent pour acheter des cadeaux de Noël? <u>Answers will vary.</u>

15. Quel parfum préfère-t-elle? <u>Answers will vary.</u>

16. Pourquoi rentrez-vous à l'hôpital? <u>Answers will vary.</u>

17. Quel jour est le concert? <u>Answers will vary.</u>

18. Étudiez-vous au supermarché ou à la bibliothèque? <u>Answers will vary.</u>

19. Qu'est-ce qu'il y a à la plage? <u>Answers will vary.</u>

20. Préférez-vous les vacances en été ou en hiver? <u>Answers will vary.</u>

NEUVIÈME LEÇON

Directions: Lisez le modèle. Ensuite, complétez les phrases, en employant le modèle comme guide.

Exercice A: On a besoin de parler aux amis.

1. _On a besoin de_ lire des livres.
2. _On a besoin de_ travailler à l'école.
3. _On a besoin d'_ acheter une voiture.
4. _On a besoin de_ sortir quelquefois.
5. _On a besoin d'_ étudier le français.
6. _On a besoin d'_ rentrer avant minuit.

Exercice B: Il fait beau aujourd'hui.

1. _Il fait_ une promenade après l'école.
2. _Il fait_ des achats avec sa soeur.
3. _Il fait_ du vélo tous les week-ends.
4. _Il fait_ un pique-nique dimanche.
5. _Il fait_ la vaisselle après le dîner.
6. _Il fait_ nuit maintenant.

Directions: Faites les changements nécessaires selon le modèle. Écrivez les phrases complètes.

Exercice C: Avez-vous faim?   Non, mais nous avons soif.

1. A-t-il faim?   _Non, mais il a soif._
2. As-tu faim?   _Non, mais j'ai soif._
3. Avons-nous faim?   _Non, mais vous avez soif._
4. A-t-on faim?   _Non, mais on a soif._
5. Ont-elles faim?   _Non, mais elles ont soif._

Exercice D: A qui est le livre?   Le livre est à moi.

1. A qui est la voiture? (elle)   _La voiture est à elle._
2. A qui est le vélo? (nous)   _Le vélo est à nous._
3. A qui est l'argent? (toi)   _L'argent est à toi._
4. A qui est la valise? (vous)   _La valise est à vous._

Neuvième Leçon *(continuée)*

5. A qui est le bébé?   (eux)   Le bébé est à eux.

6. A qui est la lettre?   (lui)   La lettre est à lui.

7. A qui est le papier?   (elles)   Le papier est à elles.

Exercice E: Qu'est-ce que tu apprends par coeur?   J'apprends par coeur mes leçons.

1. Qu'est-ce qu'il apprend par coeur?   Il apprend par coeur ses leçons.

2. Qu'est-ce que nous apprenons par coeur?   Vous apprenez par coeur vos leçons.

3. Qu'est-ce qu'elles apprennent par coeur?   Elles apprennent par coeur leurs leçons.

4. Qu'est-ce que j'apprends par coeur?   Tu apprends par coeur tes leçons.

QUESTIONS ET RÉPONSES

Directions: Répondez aux questions suivantes avec une phrase complète. Faites attention à la grammaire.

1. Avec qui es-tu d'accord?   Answers will vary.

2. De quoi a-t-on besoin pour être content?   Answers will vary.

3. Où jouez-vous au tennis?   Answers will vary.

4. Quel sport les garçons préfèrent-ils?   Answers will vary.

5. Qui fait le ménage chez vous?   Answers will vary.

6. Quand sort-il?   Answers will vary.

7. A qui sont les livres?   Answers will vary.

8. Joues-tu au tennis avec ton frère ou avec ta soeur?   Answers will vary.

9. Pourquoi avons-nous besoin d'aller à la bibliothèque?   Answers will vary.

10. Est-ce que j'ai raison ou tort?   Answers will vary.

11. Quand fais-tu des exercices?   Answers will vary.

12. Font-ils du jogging le matin ou le soir?   Answers will vary.

13. Apprenez-vous par coeur le poème?   Answers will vary.

14. Pourquoi a-t-on faim?   Answers will vary.

15. Que faites-vous quand vous avez sommeil?   Answers will vary.

Neuvième Leçon (continuée)

16. Où étudient-elles le français? ___Answers will vary.___

17. De quoi avez-vous peur? ___Answers will vary.___

18. Rentrent-ils avant ou après minuit? ___Answers will vary.___

19. Avons-nous honte de l'examen? ___Answers will vary.___

20. La valise est à vous ou à votre soeur? ___Answers will vary.___

DIXIÈME LEÇON

Directions: Faites les changements nécessaires selon le modèle. Écrivez les phrases complètes.

Exercice A: Tu écoutes la radio.   N'écouteras-tu pas la radio?

1. Elles déjeunent chez Anne.   Ne déjeuneront-elles pas chez Anne?

2. On maigrit beaucoup.   Ne maigrira-t-on pas beaucoup?

3. Nous réfléchissons souvent.   Ne réfléchirons-nous pas souvent?

4. Il entend les disques.   N'entendra-t-il pas les disques?

5. Vous descendez l'escalier.   Ne descendrez-vous pas l'escalier?

6. Ils répondent au professeur.   Ne répondront-ils pas au professeur?

Exercice B: J'ai assez de temps.   J'aurai assez de temps.

1. Tu es ici pour la surprise-partie.   Tu seras ici pour la surprise-partie.

2. Il fait quelquefois les devoirs.   Il fera quelquefois les devoirs.

3. Elle sait le poème.   Elle saura le poème.

4. Nous voulons aller au concert.   Nous voudrons aller au concert.

5. Vous pouvez le faire plus tard.   Vous pourrez le faire plus tard.

6. Ils vont au Canada en vacances.   Ils iront au Canada en vacances.

7. Elles viennent chez nous.   Elles viendront chez nous.

Exercice C: J'ai des devoirs à faire.   Mais non, tu ne feras rien.

1. J'ai des films à voir.   Mais non, tu ne verras rien.

2. J'ai des disques à écouter.   Mais non, tu n'écouteras rien.

3. J'ai des leçons à savoir.   Mais non, tu ne sauras rien.

4. J'ai des problèmes à finir.   Mais non, tu ne finiras rien.

5. J'ai un habit à choisir.   Mais non, tu ne choisiras rien.

6. J'ai des livres à compter.   Mais non, tu ne compteras rien.

Dixième Leçon (continuée)

Exercice D: Aujourd'hui elle fait les devoirs. Et demain?   Demain elle fera d'autres devoirs.

1. Aujourd'hui je vois un film. Et demain? <u>Demain je verrai un autre film.</u>

2. Aujourd'hui nous prenons un taxi. Et demain? <u>Demain nous prendrons un autre taxi.</u>

3. Aujourd'hui ils viennent un magasin. Et demain? <u>Demain ils viendront à un autre magasin.</u>

4. Aujourd'hui tu vas à un concert. Et demain? <u>Demain tu iras à un autre concert.</u>

5. Aujourd'hui vous êtes à l'école. Et demain? <u>Demain vous serez à l'autre école.</u>

QUESTIONS ET RÉPONSES

Directions: Répondez aux questions suivantes avec une phrase complète. Faites attention à la grammaire.

1. Où iras-tu pour ton anniversaire? <u>Answers will vary.</u>

2. A quelle heure finiront-ils le roman? <u>Answers will vary.</u>

3. Le film sera en blanc et noir ou en couleur? <u>Answers will vary.</u>

4. Qu'est-ce qu'on fera samedi? <u>Answers will vary.</u>

5. Jouerez-vous au tennis après l'école aujourd'hui ou demain? <u>Answers will vary.</u>

6. Quand saura-t-il le poème? <u>Answers will vary.</u>

7. Qu'est-ce que tu achèteras? <u>Answers will vary.</u>

8. Répondrons-nous souvent en classe? <u>Answers will vary.</u>

9. Qui choisira une nouvelle voiture? <u>Answers will vary.</u>

10. Qu'est-ce que la classe n'entendra pas? <u>Answers will vary.</u>

11. Avec qui joueront-ils au football? <u>Answers will vary.</u>

12. Quels disques écouterons-nous? <u>Answers will vary.</u>

13. Partiras-tu en vacances demain? <u>Answers will vary.</u>

14. Quel film verrons-nous au Bijou? <u>Answers will vary.</u>

15. Viendrez-vous au magasin ce soir ou demain? <u>Answers will vary.</u>

16. Auront-ils mal à la gorge s'ils parleront trop fort? <u>Answers will vary.</u>

17. Qui prendra un taxi? <u>Answers will vary.</u>

Dixième Leçon *(continuée)*

18. Comprendras-tu la question plus tard? ___Answers will vary.___

19. Déjeunerons-nous à midi ou à une heure? ___Answers will vary.___

20. Qu'est-ce que je pourrai faire? ___Answers will vary.___

ONZIÈME LEÇON

Directions: Faites les changements nécessaires selon le modèle. Écrivez les phrases complètes.

Exercice A: On fait les sandwichs.   On a fait les sandwichs.

1. J'ai mal à la tête.   J'ai eu mal à la tête.

2. Il est avocat.   Il a été avocat.

3. Nous lisons l'histoire.   Nous avons lu l'histoire.

4. La classe dit «au revoir».   La classe a dit «au revoir».

5. Vous voulez le faire?   Vous avez voulu le faire?

6. Ils écrivent des lettres.   Ils ont écrit des lettres.

Exercice B: J'ai lu le journal.   Je n'ai jamais lu le journal.

1. Elles ont dit «bonjour».   Elles n'ont jamais dit «bonjour».

2. Qui a fait le ménage?   Qui n'a jamais fait le ménage?

3. Tu as voulu acheter la voiture.   Tu n'as jamais voulu acheter la voiture.

4. Nous avons eu mal aux dents.   Nous n'avons jamais eu mal aux dents.

5. Vous avez écrit des cartes postales.   Vous n'avez jamais écrit de cartes postales.

Exercice C: Qui est descendu avec l'étudiant?   Personne n'est descendu avec l'étudiant.

1. Qui est venu avec l'étudiant?   Personne n'est venu avec l'étudiant.

2. Qui est entré avec l'étudiant?   Personne n'est entré avec l'étudiant.

3. Qui est arrivé avec l'étudiant?   Personne n'est arrivé avec l'étudiant.

4. Qui est sorti avec l'étudiant?   Personne n'est sorti avec l'étudiant.

Exercice D: Aujourd'hui je prépare le dîner? Et hier?   Hier j'ai préparé le dîner aussi.

1. Aujourd'hui on vient à la piscine. Et hier?   Hier on est venu à la piscine aussi.

2. Aujourd'hui elle lit un roman. Et hier?   Hier elle a lu un roman aussi.

3. Aujourd'hui nous partons en vacances. Et hier?   Hier nous sommes parti(e)s en vacances aussi.

Onzième Leçon (continuée)

4. Aujourd'hui tu visites le musée. Et hier? __Hier tu as visité le musée aussi.__

5. Aujourd'hui la classe va au zoo. Et hier? __Hier la classe est allée au zoo aussi.__

6. Aujourd'hui vous choisissez un vélo. Et hier? __Hier vous avez choisi un vélo aussi.__

QUESTIONS ET RÉPONSES

Directions: Répondez aux questions suivantes avec une phrase complète. Faites attention à la grammaire.

1. Où êtes-vous nés? __Answers will vary.__

2. Quand a-t-il préparé le dîner? __Answers will vary.__

3. Est-ce que les étudiants ont fait leurs devoirs hier? __Answers will vary.__

4. A quelle heure est-elle rentrée? __Answers will vary.__

5. As-tu choisi le vélo ou la moto? __Answers will vary.__

6. A qui ont-elles répondu? __Answers will vary.__

7. N'avez-vous jamais voulu aller en Europe? __Answers will vary.__

8. Pourquoi n'a-t-il pas vendu sa vieille voiture? __Answers will vary.__

9. Qui a fait le ménage la semaine passée? __Answers will vary.__

10. Quand êtes-vous partis en vacances? __Answers will vary.__

11. Quel film ont-ils vu hier soir? __Answers will vary.__

12. Qui est entré dans la salle?   Personne __Answers will vary.__

13. Avez-vous pris l'avion ou le train pour aller à New York? __Answers will vary.__

14. A-t-on lu les sonnets de Shakespeare? __Answers will vary.__

15. N'ont-ils pas déjeuné à midi? __Answers will vary.__

16. Quel jour avez-vous joué au tennis? __Answers will vary.__

17. Pourquoi es-tu revenu après minuit? __Answers will vary.__

18. Est-ce que les garçons ont rendu visite à leur soeur? __Answers will vary.__

19. Qu'est-ce que nous avons fait hier? __Answers will vary.__

20. Qui est arrivé avec Jean-Claude? __Answers will vary.__

DOUZIÈME LEÇON

Pratiquons les Verbes

Exercice A: Complétez les espaces avec les formes convenables des verbes.

Présent	Passé Composé	Futur
1. Je mange toujours beaucoup de pain.	J'ai toujours mangé beaucoup de pain.	Je mangerai toujours beaucoup de pain.
2. J'étudie toute la nuit.	J'ai étudié toute la nuit.	J'étudierai toute la nuit.
3. Marie lit vite.	Marie a lu vite.	Marie lira vite.
4. Écrivez-vous tous les exercices?	Avez-vous écrit tous les exercices?	Ecrirez-vous tous les exercices?
5. Nous pratiquons tous les jours.	Nous avons pratiqué tous les jours.	Nous pratiquerons tous les jours.
6. Les deux jeunes gens vendent des journaux.	Les deux jeunes gens ont vendu des journaux.	Les deux jeunes gens vendront des journaux.
7. Il faut étudier beaucoup.	Il a fallu étudier beaucoup.	Il faudra étudier beaucoup.
8. Les amoureux écoutent les disques.	Les amoureux ont écouté les disques.	Les amoureux écouteront les disques.
9. Est-ce que tu assistes aux cours tous les jours?	Est-ce que tu as assisté aux cours tous les jours?	Est-ce que tu assisteras aux cours tous les jours?
10. Je reçois les cadeaux avec plaisir.	J'ai recu les cadeaux avec plaisir.	Je recevrai les cadeaux avec plaisir.
11. Mangez-vous assez?	Avez-vous assez mangé?	Mangerez-vous assez?

Douzième Leçon (continuée)

Exercice B: Complétez les espaces avec les formes convenables des verbes.

Présent	Passé Composé	Futur
1. Je dis toujours «bonjour» à mes amis.	J'ai toujours dit «bonjour» à mes amis.	Je dirai toujours «bonjour» à mes amis.
2. Elle entre dans la salle de classe.	Elle est entrée dans la salle de classe.	Elle entrera dans la salle de classe.
3. Que faites-vous?	Qu'avez-vous fait?	Que ferez-vous?
4. Nous sommes toujours malades.	Nous avons toujours été malades.	Nous serons toujours malade.
5. Tu ne chantes jamais.	Tu n'as jamais chanté.	Tu ne chanteras jamais.
6. Ils choisissent une nouvelle voiture.	Ils ont choisi une nouvelle voiture.	Ils choisiront une nouvelle voiture.
7. Qu'est-ce qu'il écrit?	Qu'est-ce qu'il a écrit?	Qu'est-ce qu'il écrira?
8. Je parle à mon frère.	J'ai parlé à mon frère.	Je parlerai à mon frère.
9. Nous rentrons samedi.	Nous sommes rentrés samedi.	Nous rentrerons samedi.
10. Vous n'arrivez pas à l'heure.	Vous n'êtes pas arrivés à l'heure.	Vous n'arriverez pas à l'heure.
11. Qui cherche les vieux livres?	Qui a cherché les vieux livres?	Qui cherchera les vieux livres?

TREIZIÈME LEÇON

Directions: Lisez le modèle. Ensuite, complétez les phrases, en employant le modèle comme guide.

Exercice A: J'ai perdu mon livre.

1. J'ai perdu mes livres.
2. J'ai perdu mon amie.
3. J'ai perdu mes papiers.
4. J'ai perdu ma voiture.
5. J'ai perdu mes disques.
6. J'ai perdu mon cadeau.

Exercice B: J'aime beaucoup tes gants.

1. J'aime beaucoup ton vélo.
2. J'aime beaucoup ta voiture.
3. J'aime beaucoup tes frères.
4. J'aime beaucoup ton cousin.
5. J'aime beaucoup ta photo.
6. J'aime beaucoup tes affiches.

Directions: Faites les changements nécessaires selon le modèle.

Exercice E: Où mettez-vous vos disques?

1. Où mettez -vous votre disque?
2. Où mets -tu ton disque?
3. Où mets -tu ta voiture?
4. Où met -il sa voiture?
5. Où met -il ses livres?

Exercice C: Nous ne détestons pas nos classes.

1. Nous ne détestons pas notre soeur.
2. Nous ne détestons pas notre professeur.
3. Nous ne détestons pas nos amis.
4. Nous ne détestons pas notre oncle.
5. Nous ne détestons pas notre école.
6. Nous ne détestons pas notre classe.

Exercice D: Ils répondent souvent à leurs professeurs.

1. Ils répondent souvent à leur mère.
2. Ils répondent souvent à leur père.
3. Ils répondent souvent à leurs amis.
4. Ils répondent souvent à leur cousine.
5. Ils répondent souvent à leurs parents.
6. Ils répondent souvent à leurs frères.

6. Où met -elle ses livres?
7. Où mettent -elles leurs livres?
8. Où mettent -elles leurs clefs?
9. Où mettons -nous nos clefs?

Treizième Leçon (continuée)

Exercice F: Ce sont tes cahiers?   Non, ce ne sont pas mes cahiers.

1. Ce sont ses livres?   Non, ce ne sont pas ses livres.

2. Ce sont vos papiers?   Non, ce ne sont pas nos papiers.

3. Ce sont mes repas?   Non, ce ne sont pas tes repas.

4. Ce sont leurs amis?   Non, ce ne sont pas leurs amis.

5. Ce sont nos radios?   Non, ce ne sont pas vos radios.

QUESTIONS ET RÉPONSES

Directions: Répondez aux questions suivantes avec une phrase complète. Faites attention à la grammaire.

1. Où avez-vous laissé vos devoirs?   Answers will vary.

2. Détestez-vous vos classes?   Answers will vary.

3. Tu as perdu ton livre ou ton cahier?   Answers will vary.

4. Met-il son vélo dans le garage le soir?   Answers will vary.

5. Écoutent-ils les disques de George Michael?   Answers will vary.

6. Où prenons-nous nos repas?   Answers will vary.

7. Que cherche le professeur?   Answers will vary.

8. Qu'est-ce que tu achètes à ton frère pour son anniversaire?   Answers will vary.

9. Quelle est la date de ton anniversaire?   Answers will vary.

10. Qui est-ce que Maman invite à dîner?   Answers will vary.

11. Combien d'enfants a ta cousine?   Answers will vary.

12. Est-ce que la classe déteste les examens?   Answers will vary.

13. Paul ne perd jamais ses affaires? Mais si,   Answers will vary.

14. A quelle heure est son match de basket?   Answers will vary.

15. A qui répondent souvent les étudiants?   Answers will vary.

16. Ont-ils laissé leurs livres à la bibliothèque?   Answers will vary.

Treizième Leçon (continuée)

17. Quel est votre cadeau préféré?   _Answers will vary._

18. Qu'est-ce que nous empruntons?   _Answers will vary._

19. Aimes-tu fêter tes amis?   _Answers will vary._

20. Où est sa mère?   _Answers will vary._

QUATORZIÈME LEÇON

Directions: Faites les changements nécessaires selon le modèle. Écrivez les phrases complètes.

Exercice A: Je réponds toujours à mon père.   Je lui réponds toujours.

1. Je finis toujours les devoirs. Je les finis toujours.

2. J'écoute toujours la radio. Je l'écoute toujours.

3. J'obéis toujours aux professeurs. Je leur obéis toujours.

4. J'achète toujours les disques. Je les achète toujours.

5. Je prends toujours le train. Je le prends toujours.

6. J'emmène toujours ma soeur. Je l'emmène toujours.

7. Je donne toujours l'argent à Paul. Je lui donne toujours l'argent. (Je le donne toujours à Paul.)

8. J'explique toujours aux enfants. Je leur explique toujours.

Exercice B: Nous l'emmenons à la surprise-partie.   Nous ne l'emmenons pas à la surprise-partie.

1. Nous lui parlons à la surprise-partie. Nous ne lui parlons pas à la surprise-partie.

2. Nous leur téléphonons à la surprise-partie. Nous ne leur téléphonons pas à la surprise-partie.

3. Nous le regardons à la surprise-partie. Nous ne le regardons pas à la surprise-partie.

4. Nous la voyons à la surprise-partie. Nous ne la voyons pas à la surprise-partie.

5. Nous les finissons à la surprise-partie. Nous ne les finissons pas à la surprise-partie.

6. Nous l'achetons à la surprise-partie. Nous ne l'achetons pas à la surprise-partie.

Exercice C: Tu regardes souvent les films.   Ne les regardes-tu pas souvent?

1. Il répond quelquefois au professeur. Ne lui répond-il pas quelquefois?

2. Vous finissez toujours les devoirs. Ne les finissez-vous pas toujours?

3. On achète souvent le cadeau. Ne l'achète-t-on pas souvent?

4. Nous téléphonons rarement à nos amis. Ne leur téléphonons-nous pas rarement?

Quatorzième Leçon (continuée)

5. Elle choisit souvent la nouvelle voiture. _Ne la choisit-elle pas souvent?_

6. Elles obéissent toujours à leurs parents. _Ne leur obéissent-elles pas toujours?_

QUESTIONS ET RÉPONSES

Directions: Répondez aux questions suivantes avec une phrase complète. Faites attention à la grammaire.

1. Qui voyez-vous à la surprise-partie? _Answers will vary._

2. Obéis-tu toujours à tes parents? _Answers will vary._

3. Qu'est-ce que nous achetons pour le pique-nique? _Answers will vary._

4. Finit-il à l'heure ou tard ce soir? _Answers will vary._

5. Ne regardes-tu pas souvent de films étrangers? _Answers will vary._

6. Aiment-elles prendre le train? _Answers will vary._

7. Avec qui écoutez-vous les disques? _Answers will vary._

8. Où emmène-t-il sa soeur? _Answers will vary._

9. Qu'est-ce que nous regardons à la télé? _Answers will vary._

10. Parlez-vous quelquefois ou toujours? _Answers will vary._

11. Qu'est-ce qu'elles finissent? _Answers will vary._

12. Quand téléphone-t-il à sa cousine? _Answers will vary._

13. Pourquoi achetez-vous une nouvelle radio? _Answers will vary._

14. Qu'est-ce que j'explique aux enfants? _Answers will vary._

15. Parles-tu souvent à ta tante? _Answers will vary._

16. Les achetez-vous ou les vendez-vous? _Answers will vary._

17. L'apporte-t-il à sa mère ou à son père? _Answers will vary._

18. Leur réponds-tu souvent ou rarement? _Answers will vary._

19. Le rendons-nous avant ou après la classe? _Answers will vary._

20. Lui expliquez-vous toujours les questions? _Answers will vary._

Deuxième Partie:
Écrivons plus

PREMIÈRE LEÇON

APPRENDRE A ÉCRIRE DES LETTRES

I. Comment adresser l'enveloppe:

Destinaire:
le nom
le nombre et la rue
la ville et l'arrondissement
le pays

M. Armand Duclos
21, rue Cambacérès
Paris VIIe
France

Expéditeur(-trice):
le nom
le nombre et la rue
la ville, l'état et zone postale
le pays

Paul Adams
111 Chauncey Street
Lansdale, PA 19446
U.S.A.

II. Pour commencer une lettre:
A. Place et date:
1. Paris, 13 mai 1990
2. Québec, 21 septembre 1991
3. Nice, premier avril 1992

NOTE: In French, the names of the months are not capitalized unless they begin the sentence.

When writing the date, *premier* is used for the first day of the month. Otherwise, the date is written with numbers (i.e., 2, 3, 19, 25, etc.).

Première Leçon *(continued)*

B. La structure d'une lettre:

Place et date . . .

Nom et adresse . . .

Salutation . . .

Lettre . . .

Fermeture . . .

Signature . . .

```
                                        Paris, jeudi, premier juin

        M. Armand Duclos
        21, rue Cambacérès
            Paris VIIe
             France


    Mon cher Armand


    TEXTE

                                    Bien à toi,

                                    Paul Charpentier
```

C. Fermeture d'une lettre:
1. Bien amicalement à toi—In a very friendly way
2. Bien à toi—Sincerely
3. Amitiés—Regards
4. Je t'embrasse—I am sending you a hug (kiss)
5. Bien affectueusement—Very affectionately

III. Mots qui se referent à la poste:

adresser—to address
l'avenue—avenue
aviser—to inform
la boîte aux lettres—mailbox
le boulevard—boulevard
la case postale—post office box
le chargement—shipment (of goods)
les colis postaux—parcel post
communiquer—to communicate, tell
la compagnie (cie)—company
conseiller—to advise
la copie—copy
la correspondance—correspondence
demander—to ask
la distribution speciale—urgent
l'enveloppe—envelope
l'état—state
le facteur—letter carrier
le journal—newspaper
la lettre—letter

la lettre certifiée—certified letter
la liste de prix—price list
le mandat postal—money order
le paiement—payment
par avion—air mail
par route du courrier—by return mail
le pays—country
la place—square
raconter—to tell about
le récépissé—receipt
recommander—to register
la remise—remittance
répondre—to answer (back)
la revue—magazine
la rue—street
solliciter—to beg, ask for
sous pli distinct—under separate cover
le timbre—stamp
la zone postale—postal zone

DEUXIÈME LEÇON

QUELQUES EXEMPLES DES LETTRES

Nice, 11 février

Chère amie:

Je regrette de ne pas t'écrire pendant plus d'un mois. Je suis très occupée, et le temps va si vite.

Merci beaucoup pour les photos que j'ai reçues avec ta dernière lettre. Elles m'ont beaucoup plu, surtout celle de toi et Anita. A propos d'elle, est-ce que tu as des nouvelles?

Claire m'a téléphoné la semaine dernière et nous allons nous rencontrer aussi vite que possible.

Ton amie t'embrasse,
Hélène

Los Angeles
14 mai (lundi)

Mes cher grand-parents:

Salut de L.A.! C'est une très belle ville intéressante. Il y a beaucoup à voir et à faire. Je suis très content d'être ici avec oncle Raymond et tante Alice. Je crois que je vais m'amuser avec leurs familles.

Demain Tom va m'emmener à Universal Studios. Je ne peux pas attendre parce que, comme vous savez, je suis fasciné par les films américains. Ensuite, nous allons fêter l'anniversaire de Marguerite, la fille de mon oncle et ma tante. Nous allons acheter deux ou trois de ses disques préférés comme cadeau.

Je vous aime beaucoup,
Joseph

Deuxième Leçon *(continuée)*

13 septembre

Mes chers oncles:

Je veux vous remercier pour le pull que vous m'avez envoyé pour mon anniversaire. J'aime la mode et aussi la couleur. J'ai une jupe de la même couleur. Je vais porter le pull et la jupe quand je vais danser le week-end prochain.

Mes parents m'ont acheté un collier et un bracelet que je peux porter avec cet habit. Robert m'a acheté un beau bracelet-montre. J'adore tous mes cadeaux. J'espère vous voir bientôt.

Je vous embrasse,
Votre nièce Sylvie

Miami
10 décembre

Ma chère Linda:

J'ai reçu il y a quelques jours ta lettre où tu m'as dit que tu allais passer tes vacances à Miami avec ta famille. Quelle surprise! Il y a longtemps que nous nous voyions, n'est-ce pas? Nous ne saurons où commencer avec tant à faire.

Quand arriveras-tu? Si tu me dis l'heure de ton arrivée, peut-être que je peux te rencontrer à l'aéroport. Est-ce que tu restes dans un hôtel ou avec tes parents?

Qu'est-ce que tu voudrais faire? aller à la plage? faire des achats? allez au zoo? monter au cheval? Il y a beaucoup de choses à faire à Miami.

J'attends avec impatience ton arrivée. N'oublie pas d'apporter ton maillot.

Bien affectueusement,
Chantal

TROISIÈME LEÇON

J'AIME ENVOYER ET RECEVOIR DES LETTRES

Exercice A: Choisissez l'expression que vous aimez le plus pour compléter la phrase. Ensuite, écrivez toute la phrase dans l'espace.

1. Quelquefois j'écris

   des lettres à mes amis
   des billets de remerciements
   des lettres aux étoiles de ciné

   à n'importe qui
   des cartes postales pendant les vacances

   _Answers will vary._____

2. J'aime écrire à mes amis et

   je leur écris toujours
   j'aime partager mes idées
   j'écris ce que je ne peux pas dire

   je le trouve facile
   il me rend content(e)

   _Answers will vary._____

3. Au lieu d'écrire des lettres, je préfère

   envoyer des cartes postales
   parler au téléphone
   regarder la télé

   écrire dans mon journal
   voir mes copains (copines) à l'école

   _Answers will vary._____

4. Je reçois des lettres

   quand j'écris beaucoup
   mais je n'y réponds jamais
   quand j'écris aux autres

   rarement
   seulement pour mon anniversaire

   _Answers will vary._____

5. J'aime recevoir des lettres mais je n'aime pas y répondre parce que

   je n'aime pas écrire
   je ne sais pas commencer
   j'ai trop à dire

   je n'ai rien à dire
   je n'ai pas de bons amis

   _Answers will vary._____

Troisième Leçon *(continuée)*

Exercice B: Les phrases suivantes sont fausses. Changez chaque phrase à une phrase vraie, et écrivez-la dans l'espace.

1. Nous écrivons beaucoup de lettres à nos ennemis.

   Nous écrivons beaucoup de lettres à nos amis.

2. Au lieu d'écrire des lettres, je préfère me battre avec mes amis.

   Au lieu d'écrire des lettres, je préfère parler avec mes amis.

3. D'habitude, je reçois 50 lettres par semaine.

   Answers will vary.

4. Le timbre pour envoyer une lettre dans les États-Unis coûte un dollar vingt-cinq.

   Le timbre pour envoyer une lettre dans les États-Unis coûte vingt-neuf cents.

5. Avant d'écrire une lettre il faut y répondre.

   Answers will vary.

6. Quand je vois mes amis tous les jours, il faut leur écrire aussi des lettres.

   Quand je vois mes amis tous les jours, il ne faut pas leur écrire aussi de lettres.

7. On écrit la date, la salutation et la fermeture sur l'enveloppe.

   On écrit le nom et l'adresse du (de la) destinataire et de l'expéditeur (-trice) sur l'enveloppe.

8. Il est nécessaire de mettre un timbre sur l'enveloppe pour l'envoyer.

   Il est nécessaire de mettre un timbre sur l'enveloppe pour l'envoyer.

9. Le Président des États-Unis répond à toutes les lettres qu'il reçoit chaque jour.

   Le Président des États-Unis ne répond pas à toutes les lettres qu'il reçoit chaque jour.

10. J'écris des lettres parce que je n'ai pas beaucoup à dire.

    J'écris des lettres parce que j'ai beaucoup à dire.

11. C'est inutile d'écrire des lettres parce que personne n'y répond jamais.

    Answers will vary.

Troisième Leçon (continuée)

12. C'est plus facile d'écrire un essai que d'écrire une lettre ou une carte postale.

Il est moins facile d'écrire un essai que d'écrire une lettre ou une carte postale.

QUATRIÈME LEÇON

JE VAIS ÉCRIRE MA PREMIÈRE LETTRE EN FRANÇAIS

Exercice A: Choisissez l'expression que vous aimez le plus pour compléter la phrase. Ensuite, écrivez toute la phrase dans l'espace.

Cher (Chère) _____

1. Je suis très occupé(e) depuis longtemps avec

    mes études   mon passe-temps préféré
    mon travail   les sports
    mes amis

    _____ Answers will vary. _____

2. J'espère que

    tu penses à moi   tu vas bien
    es content(e)   tu as un travail agréable
    tu t'amuses

    _____ Answers will vary. _____

3. Le temps, aujourd'hui

    il fait frais et il pleut   il fait chaud avec beaucoup d'humidité
    il fait plutôt froid (chaud)   il fait froid (chaud) pour cette saison
    il fait mauvais

    _____ Answers will vary. _____

4. Les nouvelles les plus intéressantes sont de

    mon nouveau travail   mon nouveau passe-temps
    mes copains (copines) d'école   ma famille
    mes réussites dans les sports

    _____ Answers will vary. _____

Quatorzième Leçon (continuée)

5. Écris-moi

ou téléphone-moi
quand tu as le temps
bientôt

ou rends-moi visite
parce que j'aime beaucoup tes lettres

_____Answers will vary._____

Bien affectuesement,

_____

Exercice B: Employez les réponses de l'exercice précédent pour écrire une lettre de six à huit phrases à un ami (ou à une amie).

_____Québec_____
                             place

_____27 février 1992_____
                             date

Chère Marie:_____
          salutation

___Je suis très occupée depuis longtemps avec mon travail. J'espère que tu vas bien. Je vais très___

bien._____

___Le temps aujourd'hui il fait plutôt froid._____

___Les nouvelles les plus intéressantes sont de mon nouveau passe-temps. J'aime faire du ski.___

___Écris-moi quand tu as le temps._____

_____

_____

_____

_____Bien affectueusement,_____
                             fermeture

_____Cécile_____
                             signature

RÉVISION: LEÇONS 1–4

Première Leçon: Apprendre à écrire des lettres

Directions: Répondez aux questions suivantes avec une phrase complète.

1. Combien coûte-t-il d'envoyer une lettre dans les États-Unis?

   Dans les États-Unis il coûte vingt-neuf cents.

2. Si on ne veut pas mettre une lettre dans la boîte aux lettres parce qu'on se dépêche, où est-ce qu'on va avec la lettre?

   On peut aller à la poste.

3. Savez-vous trois mots en français qui veut dire "rue"? (petites et grandes rues)

   Les trois mots sont *rue, avenue* et *boulevard*.

4. Comment envoie-t-on une lettre pour arriver le lendemain?

   On l'envoie par avion.

5. Qui distribue les lettres?

   Le facteur les distribue.

6. De quoi se sert-on pour écrire une lettre?

   On se sert du papier, d'un stylo ou d'un crayon.

7. Qu'est-ce qu'on peut recevoir par la poste?

   On peut recevoir des lettres, des cartes postales, des journaux, des revues et des paquets.

Deuxième Leçon: Quelques Exemples des lettres

Directions: Répondez aux questions suivantes avec une phrase complète.

1. Qu'est-ce qu'on met au commencement d'une lettre (deux choses)?

   On met la date et la salutation.

2. Comment répond-on à une lettre?

   Answers will vary.

Révision: Leçons 1–4 (continuée)

3. Qui est le destinataire d'une lettre?

   Le destinataire est la personne à qui on envoie la lettre.

4. Qui est l'expéditeur d'une lettre?

   L'expéditeur est la personne qui écrit et envoie la lettre.

Troisième Leçon: J'aime envoyer et recevoir des lettres

Directions: Répondez aux questions suivantes avec une phrase complète.

1. Est-ce que vous aimez envoyer ou recevoir des lettres? Lequel est-ce que vous préférez?

   Answers will vary.

2. A qui est-ce que vous écrivez des lettres d'habitude?

   Answers will vary.

3. De qui est-ce que vous recevez la plupart de vos lettres?

   Answers will vary.

4. Pourquoi est-ce que vous écrivez des lettres?

   Answers will vary.

5. En général, comment est-ce que vous envoyez des lettres?

   Answers will vary.

6. Quand vous êtes en vacances, combien de temps est-ce que vous passez à écrire à vos parents et vos amis?

   Answers will vary.

7. Quand (pendant l'année) est-ce que vous recevez beaucoup de lettres?

   Answers will vary.

8. Est-ce qu'il est important de répondre aux lettres qu'on reçoit? Pourquoi? Pourquoi pas?

   Answers will vary.

Révision: Leçons 1–4 (continuée)

Quatrième Leçcon: Je vais écrire ma première lettre en français

Exercice A: Répondez aux questions suivantes avec une phrase complète.

1. Dans la première lettre qu'on écrit à un "correspondent," il faut s'identifier. Comment vous appelez-vous?

   <u>_____Answers will vary._____</u>

2. Où est-ce que vous habitez? De quel pays êtes-vous?

   <u>_____Answers will vary._____</u>

3. Quel âge avez-vous? Avez-vous des frères (cadets, aînés)?

   <u>_____Answers will vary._____</u>

4. A quelle école allez-vous?

   <u>_____Answers will vary._____</u>

5. Quels sujets étudiez-vous?

   <u>_____Answers will vary._____</u>

6. Quels sont vos sujets préférés?

   <u>_____Answers will vary._____</u>

7. Comment sont vos classes? Intéressantes?

   <u>_____Answers will vary._____</u>

8. En général, est-ce que vous avez beaucoup de devoirs tous les soirs?

   <u>_____Answers will vary._____</u>

Exercice B: Écrivez l'enveloppe que vous allez envoyer à un "correspondent." Ajoutez le nom donné et la nom de famille de la personne à qui vous écrivez, son adresse et la ville et le pays.

<u>_____Answers will vary._____</u>

Révision: Leçons 1–4 (continuée)

Exercice C: Écrivez maintenant vos réponses aux questions de l'exercice A sous forme d'une lettre à un "correspondent."

29 janvier 1992
_____
date

Cher Pierre:
_____
salutation

    Je m'appelle Jean LeClair. J'habite dans la ville de Fairfield aux États-Unis. J'ai seize ans et j'ai un frère et une soeur.

    Au lycée dans ma ville j'étudie le français, le mathématiques et l'histoire. Mes sujets préférés sont le français et l'histoire. Je trouve ces classes très intéressantes. En général, j'ai trop de devoirs les soirs.

Amitiés,
_____
fermeture

Jean
_____
signature

Lettres et plus de lettres

    Dans cette lettre et dans les suivantes, vous allez écrire une série de lettres pareille à celle que vous avez écrite dans le quatrième leçon. Le sujet de chaque lettre est le même que le titre de chaque leçon.

    Vous allez écrire des lettres à des amis qui n'habitent pas dans la même ville que vous, qui ont le même âge que vous, et qui vont à l'école comme vous. Vous pouvez aussi écrire à un parent, surtout à un(e) cousin(e), ou peut-être à des oncles ou à des grand-parents. Vous êtes prêt(e)? Commençons . . . .

CINQUIÈME LEÇON

LA FAMILLE ET LES PARENTS

Exercice A: D'abord, choisissez la réponse correcte et écrivez-la dans l'espace. Ensuite, écrivez toute la phrase sur la ligne.

1. La mère de mon père est ma ___grand-mère___ .

   grand-mère
   cousine
   tante
   nièce

   La mère de mon père est ma grand-mère.

2. Le fils de mon père est mon ___frère___ .

   cousin
   frère
   oncle
   parrain

   Le fils de mon père est mon frère.

3. Les parents de mes cousins sont ___mon oncle et ma tante___ .

   mes grand-parents
   mes neveux
   mon oncle et ma tante
   mes soeurs

   Les parents de mes cousins sont mon oncle et ma tante.

4. La soeur de mon père est ma ___tante___ .

   cousine
   grand-mère
   nièce
   tante

   La soeur de mon père est ma tante.

5. Mon père et mon oncle sont ___frères___ .

   frères
   cousins
   fils
   voisins

   Mon père et mon oncle sont frères.

6. Ma mère est ___l'épouse___ de mon père.

   la marraine
   la tante
   l'épouse
   la cousine

   Ma mère est l'épouse de mon père.

7. Je suis le petit-fils de mon ___grand-père___ .

   père
   grand-père
   oncle
   arrière-grand-père

   Je suis le petit-fils de mon grand-père.

8. Je suis fils unique; je n'ai pas ___de frères ou soeurs___ .

   d'amis
   de voisins
   de parrains
   de frères ou soeurs

   Je suis fils unique; je n'ai pas de frères ou soeurs.

Cinquième Leçon (continuée)

9. La fille de ma mère est ma __soeur__ .

    nièce
    cousine
    petite-fille
    soeur

    La fille de ma mère est ma soeur.

10. Les membres de ma famille sont des __parents__ .

    voisins
    parrains
    parents
    frères

    Les membres de ma famille sont des parents.

Exercice B: Quelques phrases suivantes sont fausses. Changez chaque phrase fausse à une phrase vraie, et écrivez-la dans l'espace.

1. Chaque famille est composée de quatres personnes.

    Chaque famille n'est pas composée de quatres personnes.

2. Les parents de mes parents sont mes grands-parents.

    vrai

3. Mes grands-parents sont les arrière-grands-parents de mes enfants.

    vrai

4. La mère de mon mari est ma filleule.

    La mère de mon mari est ma belle-mère.

5. Mon beau-père est le père de mon mari.

    vrai

6. Je suis la belle-fille de ma belle-mère.

    vrai

7. Ma soeur est mariée; son mari est mon cousin.

    Ma soeur est mariée; son mari est mon beau-frère.

8. J'ai beaucoup de petits-enfants; ce sont mes aïeux.

    J'ai beaucoup de petits-enfants; ce sont mes héritiers.

9. La soeur de ma mère est ma nièce.

    La soeur de ma mère est ma tante.

Cinquième Leçon *(continuée)*

10. Mon gendre est le frère de mon mari.

    Mon beau-frère est le frère de mon mari.

11. Ma nièce est la fille de mon fils.

    Ma nièce est la fille de mon frère.

12. Ma femme a trois frères; ce sont mes beaux-pères.

    Ma femme a trois frères; ce sont mes beaux-frères.

Deuxième Lettre

La Famille et les parents

Dans cette lettre vous allez décrire votre famille à un(e) de vos ami(e)s. Par exemple: Combien de personnes y a-t-il dans votre famille? Comments s'appellent-ils? Quels âges ont-ils? Comment sont-ils? (traits physiques et psychologiques) Quelles sont leurs occupations (carrières)? Qu'est-ce qu'ils aiment faire? (pour s'amuser, pour distractions)

19 mai 1992

date

Chère Nicole:

salutation

Il y a quatre personnes dans ma famille. Ma soeur, qui s'appele Marie, a dix ans. Elle a des cheveux bruns et des yeux bruns. Elle aime jouer avec ses amis. Mon frère, Claude, est plus sérieux que Marie. Il a quatorze ans et il aime ses études et la musique.

Mes parents sont très occupés avec leur travail. Mon père est médicin et ma mère est institutrice. Ils aiment beaucoup les sports.

Amitiés,

fermeture

Jeanne

signature

SIXIÈME LEÇON

LES REPAS

Exercice A: D'abord, choisissez la réponse correcte et écrivez-la dans l'espace. Ensuite, écrivez toute la phrase sur la ligne.

1. En France le repas le plus important c'est
   __le déjeuner__ .

   le petit déjeuner
   le goûter
   le souper
   le déjeuner

   En France le repas le plus important c'est le
   déjeuner.

2. J'ai soif; je veux __boire__ .

   boire
   manger
   cacher
   goûter

   J'ai soif; je veux boire.

3. Je __prends__ le petit déjeuner très tôt.

   bois
   mange
   prends
   jette

   Je prends le petit déjeuner très tôt.

4. On sert le déjeuner vers __midi__ .

   7 h du matin
   midi
   7 h du soir
   l'après-midi

   On sert le déjeuner vers midi.

5. J'ai faim; je vais __manger__ .

   dormir
   vivre
   manger
   sortir

   J'ai faim; je vais manger.

6. On ne sert d'une tasse pour prendre __le thé__ .

   le fromage
   la viande
   la salade
   le thé

   On ne sert d'une tasse pour prendre le thé.

7. Le fruit que j'aime le mieux c'est __la poire__ .

   la pomme de terre
   la cacahouète
   la poire
   la laitue

   Le fruit que j'aime le mieux c'est la poire.

8. Il faut un verre pour __boire de l'eau__ .

   desservir
   mettre le couvert
   bien manger
   boire de l'eau

   Il faut un verre pour boire de l'eau.

Sixième Leçon *(continuée)*

9. J'ai besoin d' <u>une fourchette</u> pour manger les haricots.

    une fourchette
    un couteau
    une cuillère
    une nappe

<u>J'ai besoin d'une fourchette pour manger les</u>
<u>haricots.</u>

10. Avant de s'asseoir à table, il faut <u>mettre le couvert</u> .

    ouvrir la boîte
    desservir la table
    mettre le couvert
    allumer le four

<u>Avant de s'asseoir à table, il faut mettre le</u>
<u>couvert.</u>

Exercice B: Quelques phrases suivantes sont fausses. Changez chaque phrase fausse à une phrase vraie, et écrivez-la dans l'espace.

1. On met du sel et du poivre sur la viande.

    <u>vrai</u>

2. Il faut une fourchette pour servir le sucre.

    <u>Il faut une cuillère pour servir le sucre.</u>

3. Il faut un couteau pour remuer le café.

    <u>Il faut une cuillère pour remuer le café.</u>

4. Quand on achète de la glace, il y a un grand choix de parfums.

    <u>Quand on achète de la glace, il y a un grand choix de goûts.</u>

5. On a faim après le dessert.

    <u>On n'a pas faim après le dessert.</u>

6. Pour maigrir il faut suivre un régime.

    <u>vrai</u>

7. Quand on a faim, il faut boire un verre d'eau.

    <u>Quand on a faim, il faut manger quelque chose.</u>

8. On sert la viande saignante, à point ou bien cuite.

    <u>vrai</u>

9. La courgette est une boisson.

    <u>La courgette est un légume.</u>

Sixième Leçon (continuée)

10. Une pastèque est un poisson.
    Une pastèque est un fruit.

11. Quand j'ai soif, je vais au restaurant.
    vrai

12. Il faut mettre le rôti au four.
    vrai

13. Après le repas, il faut laver la vaisselle.
    vrai

14. La bière, le lait et le potage sont des boissons.
    vrai

Troisième Lettre

Les Repas

Dans cette lettre vous allez écrire une description de votre dernier repas préféré et la personne (les personnes) avec qui vous l'avez mangé. Par exemple: Où avez-vous mangé? Quand êtes-vous allé(e)s? C'était une occasion spéciale? Qui a payé l'addition? Pourquoi est-ce que c'était un repas notable? Est-ce que quelque chose d'intéressant s'est passé?

18 avril 1992
date

Cher Marc:
salutation

La semaine dernière nous sommes allés au restaurant Chez Maurice. C'est mon restaurant préféré depuis très longtemps. Nous sommes y allés pour fêter l'anniversaire de ma mère. Hélène et moi, nous avons payé l'addition.

J'ai pris un bifteck aux pommes. La cuisine était excellente. Maman n'a pas beaucoup mangé parce qu'elle suit un régime pour maigrir. En tout cas nous nous sommes bien amusés.

Bien amicalement à toi,
fermeture

Paul
signature

SEPTIÈME LEÇON

LES DISTRACTIONS

Exercice A: D'abord, choisissez la réponse correcte et écrivez-la dans l'espace. Ensuite, écrivez toute la phrase sur la ligne.

1. Un concert est un programme de __musique__ .

   tableaux
   films
   musique
   danse

   Un concert est un programme de musique.

2. Je vais au musée pour voir de __beaux tableaux__.

   beaux tableaux
   belles revues
   vieux journaux
   nouveaux livres

   Je vais au musée pour voir de beaux tableaux.

3. Je vais à la bibliothèque pour __lire__ .

   faire des achats
   chanter
   lire
   parler

   Je vais à la bibliothèque pour lire.

4. Je vais au cinéma pour voir __un film__ .

   un spectacle
   un film
   un concert
   une répétition

   Je vais au cinéma pour voir un film.

5. Je vais au centre commercial pour __acheter des souliers__ .

   acheter des souliers
   jouer au tennis
   faire du bateau à voile
   acheter une voiture

   Je vais au centre commercial pour acheter des souliers.

6. Un sport très populaire en France c'est __le tennis, le football__ .

   le tennis
   le football
   le golf
   le hockey

   Un sport très populaire en France c'est le tennis (ou le football).

7. Pour nager je préfère aller __à la piscine__ .

   au stade
   à la station thermale
   à la montagne
   à la piscine

   Pour nager je préfère aller à la piscine.

Septième Leçon (continuée)

8. J'écoute à la radio mon __chanteur__ préféré.

    chanteur
    ami
    voisin
    oiseau

J'écoute à la radio mon chanteur préféré.

9. J'ai un __magnétophone__ pour écouter mes cassettes préférées.

    tourne-disque
    piano
    magnétophone
    magnétoscope

J'ai un magnétophone pour écouter mes cassettes préférées.

10. Je regarde la télévision pour voir __un feuilleton__ .

    un feuilleton
    un disque
    un théâtre
    un manège

Je regarde la télévision pour voir un feuilleton.

Exercice B: Quelques phrases suivantes sont fausses. Changez chaque phrase fausse à une phrase vraie, et écrivez-la dans l'espace.

1. Il y a douze joueurs dans une équipe de football.
   vrai

2. Il faut un stade pour jouer au golf.
   Il faut un terrain de golf pour jouer au golf.

3. On joue au tennis sur un terrain.
   On joue au tennis sur un court de tennis.

4. Il faut un arbitre pour un match officiel.
   vrai

5. Celui qui assiste à tous les matchs est un fanatique.
   vrai

6. Pour faire une partie d'échecs, il faut quatre personnes.
   Pour faire une partie d'échecs, il faut deux personnes.

7. Une partie de cartes est un jeu tranquille.
   vrai

Septième Leçon (continuée)

8. Il faut acheter un billet pour aller au spectacle.

   vrai _____

9. A la plage il faut s'habiller en maillot de bain.

   vrai _____

10. La lecture est une distraction pour tous les âges.

    vrai _____

Quatrième Lettre

Les Distractions

Dans cette lettre vous allez décrire un ou deux de vos passe-temps préférés. Par exemple: Qu'est-ce que c'est? Pourquoi l'avez-vous choisi? Quand le pratiquez-vous? Avez-vous besoin de quelque chose de spécial pour le faire? Est-ce que des leçons spéciales sont nécessaires? Pouvez-vous le faire seul(e) ou les autres sont-ils (elles) nécessaires? Le recommandez-vous aux autrui?

21 août 1992 _____
                              date

Chère Louise: _____
                salutation

    Aimes-tu les sports? J'aime beaucoup jouer au tennis. Je vais tous les samedis et tous les

dimanches sur le terrain pour le pratiquer. Le jeudi je prends des leçons avec mes amis. Pour jouer

au tennis on a besoin de balles, d'une raquette et de chaussures de tennis. Je te le recommande

beaucoup.

Bien affectuesement, _____
                              fermeture

Marie _____
                signature

RÉVISION: LEÇONS 5-7

La Famille, les parents, les repas et les distractions

Directions: Récrivez chacune des phrases suivantes pour être vraie. Faites attention à la grammaire. Commencez avec "Vrai" ou "Faux."

1. La soeur de mon père est ma cousine.

   Faux, la soeur de mon père est ma tante.

2. Si je suis fille unique, je n'ai ni frères, ni soeurs.

   Vrai, je suis fille unique.

3. Le fils de mon père est mon oncle.

   Faux, le fils de mon père est mon frère.

4. Ma mère est la tante de mon père.

   Faux, ma mère est l'épouse de mon père.

5. Quand j'ai faim, je vais dormir.

   Faux, quand j'ai faim, je vais manger.

6. On a besoin d'une fourchette pour boire de l'eau.

   Faux, on a besoin d'un verre pour boire de l'eau.

7. Pour couper de la viande, il faut un couteau.

   Vrai, il faut un couteau pour couper de la viande.

8. En France, on prend des oeufs au petit déjeuner.

   Faux, en France on prend des oeufs au dîner.

9. On se sert des légumes pour faire une omelette.

   Faux, on se sert des oeufs pour faire une omelette.

10. Si j'ai soif, je prends du pain.

    Faux, si j'ai soif je prends de l'eau.

Révision: Leçons 5–7 (continuée)

11. On va au musée pour voir des films.

    Faux, on va au musée pour voir des tableaux.

12. Le football est un sport populaire en France.

    Vrai, le football est un sport populaire en France.

13. Pour écouter des disques, il faut un écran.

    Faux, il faut un tourne-disque pour écouter des disques.

14. Il y a neuf joueurs dans une équipe de basket.

    Faux, il y a cinq joueurs dans une équipe de basket.

15. En hiver, je fais souvent du ski nautique.

    Faux, en hiver je fais souvent du ski.

16. Les membres de ma famille sont mes parents.

    Vrai, les membres de ma famille sont mes parents.

17. La femme de mon frère est ma belle-mère.

    Faux, la femme de mon frère est ma belle-soeur.

18. En France, on dîne souvent vers six heures du soir.

    Faux, en France, on dîne souvent vers huit heures du soir.

19. Comme dessert, je prends une aubergine.

    Faux, comme dessert, je prends un fruit (du gâteau, de la tarte).

20. On va à la bibliothèque pour faire des achats.

    Faux, on va à la bibliothèque pour lire.

HUITIÈME LEÇON

LES CARRIÈRES ET LES OCCUPATIONS

Exercice A: D'abord, choisissez la réponse correcte et écrivez-la dans l'espace. Ensuite, écrivez toute la phrase sur la ligne.

1. Marie travaille dans un restaurant; elle est __serveuse__ .

    femme de ménage
    serveuse
    secrétaire
    standardiste

    Marie travaille dans un restaurant; elle est serveuse.

2. Madame Durand enseigne dans une école primaire; elle est __institutrice__ .

    professeur
    remplaçante
    serveillante
    institutrice

    Madame Durand enseigne dans une école primaire; elle est institutrice.

3. Quelqu'un qui soigne les malades est __médecin__ .

    médecin
    inspecteur
    trésorier
    notaire

    Quelqu'un qui soigne les malades est médecin.

4. Quelqu'un qui a fait son droit est __avocat__ .

    charpentier
    agent de la sûreté
    avocat
    notaire

    Quelqu'un qui a fait son droit est avocat.

5. Quelqu'un qui travaille dans une salle d'opération est __chirurgien__ .

    délégué
    chirurgien
    rédacteur
    cadre

    Quelqu'un qui travaille dans une salle d'opération est chirurgien.

6. Il faut aller à l'église pour trouver le __prêtre__ .

    premier ministre
    ouvrier
    chef
    prêtre

    Il faut aller à l'église pour trouver le prêtre.

7. La personne qui livre le courrier est __facteur__ .

    facteur
    mécanicien
    garagiste
    pasteur

    La personne qui livre le courrier est facteur.

Huitième Leçon (continuée)

8. En cas de feu, il faut appeler <u>les pompiers</u> .

   le plombier
   les pompiers
   le condonnier
   le teinturier

   <u>En cas de feu, il faut appeler les pompiers.</u>

9. Pour faire racommoder les chaussures, on va chez <u>le cordonnier</u> .

   l'ingénieur
   l'épicier
   le boucher
   le cordonnier

   <u>Pour faire racommoder les chaussures, on va chez le cordonnier.</u>

10. Celui qui soigne les animaux s'appelle <u>le vétérinaire</u> .

    le professeur
    le peintre
    le cuisinier
    le vétérinaire

    <u>Celui qui soigne les animaux s'appelle le vétérinaire.</u>

Exercice B: Quelques phrases suivantes sont fausses. Changez chaque phrase fausse à une phrase vraie, et écrivez-la dans l'espace.

1. Le soldat est dans l'armée.

   <u>vrai</u>

2. L'infirmière soigne les touristes.

   <u>L'infirmière soigne les malades.</u>

3. Un journaliste doit savoir bien parler.

   <u>Un journaliste doit savoir bien écrire.</u>

4. Un cadre fait partie de l'administration d'une entreprise.

   <u>vrai</u>

5. Le notaire vend du papier à lettre.

   <u>Le papétier vend du papier à lettre.</u>

6. Un employé de magasin doit vendre des médicaments.

   <u>Un employé de pharmacie doit vendre des médicaments.</u>

7. Un ingénieur travaille, par exemple, dans la production des ordinateurs.

   <u>Un ingénieur travaille, par exemple, dans la production des dessins.</u>

Huitième Leçon (continuée)

8. Quelqu'un qui est propriétaire d'une épicerie est commerçant.

   vrai

9. Un interprète ne parle qu'une langue.

   Un interprète parle plus d'une langue.

10. Quelqu'un de doué n'a pas de talent.

    Quelqu'un de doué a beaucoup de talent.

11. Si l'eau du robinet ne coule pas, j'appelle le plombier.

    vrai

12. Le président-directeur général est élu par le peuple.

    vrai

Cinquième Lettre

Les Carrières et les occupations

Dans trois ou quatre années vous allez vous préparer pour une carrière ou une occupation. Savez-vous ce que vous allez être, ce que vous allez faire, quand vous aller fini vos études? Écrivez une lettre à un(e) ami(e) ou à un parent qui décrit vos rêves de votre carrière idéale et ce que vous allez faire pour vous préparer.

24 août 1992
                                                    date

Mon cher papa:
              salutation

Dans trois années je dois préparer pour une carrière. Un jour je veux être médicin parce que je veux soigner les malades. Pour être étudiant de médicine à l'université il faut que je trouve une bonne situation les étés et que je gagne beaucoup d'argent. Il faut que j'ai de bonne notes aussi.

Je t'embrasse,
                                                    fermeture

Etiènne
                                                    signature

---
NEUVIÈME LEÇON

LA SANTÉ

Exercice A: D'abord, choisissez la réponse correcte et écrivez-la dans l'espace. Ensuite, écrivez toute la phrase sur la ligne.

1. J'ai un rhume; donc, __je ne vais pas bien__ .

   je ne vais pas bien
   il fait froid
   j'ai peur
   je vais bien

   J'ai un rhume; donc, je ne vais pas bien.

2. Je suis en bonne santé; donc, __je vais très bien__.

   je vais voir le médecin
   je vais fumer
   je vais très bien
   je me sens mal

   Je suis en bonne santé; donc, je vais très bien.

3. Quand on est malade, on a souvent __mal à la tête__ .

   mal aux pieds
   mal à la tête
   très faim
   de bonnes notes

   Quand on est malade, on a souvent mal à la tête.

4. Quand on est malade, on a aussi __de la fièvre__.

   besoin de l'oculiste
   de démangeaisons
   de cambrioleurs
   de la fièvre

   Quand on est malade, on a aussi de la fièvre.

5. En France les soins médicaux sont payés par __la securité sociale__ .

   le médecin
   le malade
   la sécurité sociale
   la caisse d'épargne

   En France les soins médicaux sont payés par la securité sociale.

6. Si je mange trop, j'ai __mal à l'estomac__.

   mal à la gorge
   mal à l'estomac
   des frissons
   trop chaud

   Si je mange trop, j'ai mai à l'estomac.

7. Pour rester en bonne santé, il faut __suivre un bon régime__ .

   suivre un bon régime
   prendre des médicaments
   bien se coiffer
   se lever tard

   Pour rester en bonne sané, il faut suivre un bon régime.

Neuvième Leçon (continuée)

8. Je voudrais maigrir; pour cela je dois <u>éviter</u>
   <u>les sucreries</u> .

   > payer des impôts
   > beaucoup manger
   > éviter les sucreries
   > ajouter du sucre

   <u>Je voudrais maigrir; pour cela je dois éviter les</u>
   <u>sucreries.</u>

9. La marché est recommandée à tous les âges
   pour <u>avoir une bonne circulation</u> .

   > avoir une bonne circulation
   > arriver en ville
   > éviter les caries
   > avoir une belle chevelure

   <u>La marché est recommandée à tous les âges pour</u>
   <u>avoir une bonne circulation.</u>

10. Il faut se laver les mains avant <u>de manger</u>.

    > de tousser
    > de d'éternuer
    > de manger
    > de rire

    <u>Il faut se laver les mains avant de manger.</u>

Exercice B: Quelques phrases suivantes sont fausses. Changez chaque phrase fausse à une phrase vraie, et écrivez-la dans l'espace.

1. Si je ne vois pas bien, c'est que j'ai besoin de lunettes.
   <u>vrai</u>

2. Fumer est très mauvais pour la santé.
   <u>vrai</u>

3. Il ne faut pas se frotter les yeux.
   <u>vrai</u>

4. Il faut se coucher tard pour être en bonne forme.
   <u>Il faut se coucher tôt pour être en bonne forme.</u>

5. Si on pèse trop, c'est bon pour le coeur.
   <u>Si on pèse trop, c'est mauvais pour le coeur.</u>

6. Si on boit trop, on devient ivre.
   <u>vrai</u>

Neuvième Leçon *(continuée)*

7. L'exercice est bon pour la santé.

   vrai

8. Il faut se laver les mains après les repas.

   Il faut se laver les mains avant les repas.

9. La santé du bébé dépend du régime de la mère.

   vrai

10. Si on est malade, il ne faut rien boire.

    Si on est malade, il faut boire beaucoup de liquides.

11. La tension nerveuse fatigue plus que l'exercice.

    vrai

12. Pour avoir un beau sourire, il faut se brosser les dents.

    vrai

Sixième Lettre

La Santé

Le médecin vous a dit (ou l'a dit à quelqu'un de votre famille) qu'il faut maigrir. Il faut suivre un régime. Ecrivez une lettre à un(e) ami(e) ou à un parent qui décrit ce régime qu'il faut suivre pour perdre dix kilos. Quelle nourriture faut-il (ne faut-il pas) manger? Quels exercices faut-il faire?

31 août 1992
_____
date

Chère Antoinette:
_____
salutation

Le médecin m'a dit qu'il faut maigrir. Il faut suivre un régime pour perdre dix kilos. Que c'est

difficile! Je dois éviter les sucreries. Je ne mange pas de bonbons ou de desserts. Je mange

beaucoup de fruits et de légumes et je bois six verres d'eau par jour. Que j'ai faim! Chaque jour il

faut faire une longue promenade.

Je t'embrasse,
_____
fermeture

Cécile
_____
signature

DIXIÈME LEÇON

L'ARGENT

Exercice A: D'abord, choisissez la réponse correcte et écrivez-la dans l'espace. Ensuite, écrivez toute la phrase sur la ligne.

1. On peut changer un chèque __à la banque__ .

   à la banque
   à la ferme
   à la pharmacie
   dans une poche

   On peut changer un chèque à la banque.

2. Ma voiture n'est pas chère; elle est __bon marché__ .

   bon marché
   vieille
   rouillée
   propre

   Ma voiture n'est pas chère; elle est bon marché.

3. Si vous voulez gagner de l'argent, il faut trouver __une bonne situation__ .

   une bonne situation
   un bon avocat
   des vacances
   un emprunt

   Si vous voulez gagner de l'argent, il faut trouver une bonne situation.

4. Pour avoir de l'argent pour faire un grand voyage, il faut __économiser__ .

   dépenser
   déjeuner
   économiser
   étudier

   Pour avoir de l'argent pour faire un grand voyage, il faut économiser.

5. Ces billets sont trop chers; j'en veux __de moins chers__ .

   de moins chers
   qui coûtent plus cher
   qui coûtent le même
   de nouveaux

   Ces billets sont trop chers; j'en veux de moins chers.

6. Avant de quitter le restaurant, il faut payer __l'addition__ .

   les assiettes
   le menu
   le plat du jour
   l'addition

   Avant de quitter le restaurant, il faut payer l'addition.

Dixième Leçon (continuée)

7. Si on paye avec un trop gros billet, l'employé vous rend __la monnaie__ .

   l'argent
   le change
   la monnaie
   le franc

   Si on paye avec un trop gros billet, l'employé
   vous rend la monnaie.

8. En France la monnaie courante est __le franc__ .

   le sou
   le billet
   le franc
   la pièce d'or

   En France la monnaie courante est le franc.

9. La situation économique est déterminée par __la Bourse__ .

   la banque
   la Bourse
   le portefeuille
   le sac à main

   La situation économique est déterminée par
   la Bourse.

10. Pour participer à la Bourse, il faut acheter des __actions__ .

    actions
    francs
    assurances
    chèques à voyage

    Pour participer à la Bourse, il faut acheter
    des actions.

Exercice B: Quelques phrases suivantes sont fausses. Changez chaque phrase fausse à une phrase vraie, et écrivez-la dans l'espace.

1. Le dollar a la même valeur que le franc, le mark et le péso.

   Le dollar a un valeur différent que le franc, le mark et le péso.

2. Le cours du change varie d'un jour à l'autre.

   vrai

3. Ce n'est pas important d'épargner son argent.

   C'est pas très important d'épargner son argent.

4. La personne qui ne travaille plus reçoit un traitement.

   La personne qui ne travaille plus reçoit un pension.

5. Quelqu'un qui ne trouve pas de travail est en chômage.

   vrai

6. Combien est-ce? Combien vaut cela? Combien coûte cela? sont des expressions synonymes.

   vrai

Dixième Leçon (continuée)

7. Pour écrire un chèque, il faut avoir un compte en banque.
   vrai

8. On tient ses chèques dans un carnet de chèques.
   vrai

9. Il est important de garder de grosses sommes dans une tirelire.
   Il est important de garder de petites sommes dans une tirelire.

10. Tout le monde est content de payer ses impôts.
    Tout le monde n'est pas content de payer ses impôts.

11. Un meuble ancien s'appelle un héritage.
    Un meuble ancien s'appelle un antique.

12. En France les familles reçoivent une allocation familiale.
    vrai

Septième Lettre

L'Argent

Dans cette lettre vous allez raconter à un(e) ami(e) ou un parent que vous avez gagné 2.000 dollars dans la lotérie. Dans cette lettre vous allez a) décrire les idées que vous avez pour dépenser l'argent (ou quoi d'autre qu'on peut faire avec l'argent), b) demandez des conseils à un(e) ami(e) ou à un parent si vous ne savez pas faire.

5 août 1992

date

Chère Hélène:

salutation

Quelle surprise! J'ai gagné 2.000 dollars dans la lotérie. Je vais garder de grosses sommes en banque. Et puis je vais faire un grande voyage autour du monde. Enfin je veux acheter une voiture nouvelle pour mon père. Je suis très contente!

Bien affectuesement,

fermeture

Jeanne

signature

RÉVISION: LEÇONS 8–10

Les Occupations, la santé et l'argent

Directions: Récrivez chacune des phrases suivantes pour être vraie. Faites attention à la grammaire. Commencez avec "Vrai" ou "Faux."

1. Un homme ne peut jamais être secrétaire.

   Faux, une homme peut être secrétaire.

2. En cas de feu, téléphonez au plombier.

   Faux, en cas de feu, téléphonez aux pompiers.

3. Un boucher soigne les malades.

   Faux, un médecin soigne les malades.

4. Une ouvrière travaille dans une usine.

   Vrai, une ouvrière travaille dans une usine.

5. Pour être en bonne santé, on prend toujours des desserts.

   Faux, pour être en bonne santé, on prend rarement des desserts.

6. Je suis en bonne santé parce que je fume.

   Faux, je suis en bonne santé parce que je ne fume jamais.

7. Si on a un rhume, on éternue souvent.

   Vrai, si on a un rhume, on éternue souvent.

8. Il y a un vaccin contre le cancer.

   Faux, il n'y a pas de vaccin contre le cancer.

9. Je pèse trop; il faut grossir.

   Faux, il faut maigrir.

10. Dormir douze heures par nuit, c'est idéal.

    Faux, dormir huit heures par nuit, c'est idéal.

Révision: Leçons 8–10 (continuée)

11. Un voyage en Chine coûte très peu.

    Faux, un voyage en Chine coûte très cher.

12. Au restaurant il faut payer l'addition avant de manger.

    Faux, il faut payer après avoir mangé.

13. On peut changer un chèque à la banque.

    Vrai, on peut changer un chèque à la banque.

14. J'adore payer mes impôts.

    Faux, je déteste payer mes impôts.

15. Mme Durand est professeur dans une école primaire.

    Faux, Mme Durand est institutrice dans une école primaire.

16. Le directeur enseigne souvent des classes.

    Faux, le directeur n'enseigne pas de classes.

17. Quand on est malade, c'est une bonne idée d'aller chez le médecin quand on est malade.

    Vrai, c'est une bonne idée d'aller chez le médecin quand on est malade.

18. Il faut se laver les mains avant de rire.

    Faux, il faut se laver les mains avant de manger.

19. Un repas par jour est bon pour la santé.

    Faux, trois repas pas jour sont bons pour la santé.

20. On peut voyager de New York à Paris en train.

    Faux, on peut voyager de New York à Paris par avion (en bateau).

ONZIÈME LEÇON

LES MOYENS DE TRANSPORT

Exercice A: D'abord, choisissez la réponse correcte et écrivez-la dans l'espace. Ensuite, écrivez toute la phrase sur la ligne.

1. J'ai une voiture pour aller à l'école; je dois __conduire__ tous les jours.

     courir
     sauter
     marcher
     conduire

   J'ai une voiture pour aller à l'école; je dois
   conduire tous les jours.

2. Quelquefois la voiture n'avance pas; elle ne __démarre__ pas.

     démarre
     s'arrête
     s'allume
     freine

   Quelquefois la voiture n'avance pas; elle ne
   démarre pas.

3. Pour avoir le droit de conduire il faut un __permis__ .

     certificat
     prix
     permis
     diplôme

   Pour avoir le droit de conduire il faut un permis.

4. En avion on voyage très __rapidement__ .

     lentement
     rapidement
     ordinairement
     doucement

   En avion on voyage très rapidement.

5. Pour voyager en train, il faut aller __à la gare__ .

     à la gare
     au port
     à l'aéroport
     à la station

   Pour voyager en train, il faut aller à la gare.

6. Pour faire une croisière, on voyage __en paquebot__ .

     en barque
     en vélo
     en carrosse
     en paquebot

   Pour faire une croisière, on voyage en paquebot.

Onzième Leçon (continuée)

7. Mon copain habite près de chez moi; j'y vais
   <u>à pied</u>   .

   en gondole
   en bateau à voile
   à pied
   en avion à réaction

<u>Mon copain habite près de chez moi; j'y vais à</u>
<u>pied.</u>

8. Beaucoup d'élèves vont à l'école <u>en vélo</u> .

   en taxi
   en limousine
   en vélo
   à cheval

<u>Beaucoup d'élèves vont à l'école en vélo.</u>

9. C'est quelquefois difficile de trouver où
   <u>stationner</u> la voiture.

   stationner
   mettre
   atterrir
   conduire

<u>C'est quelquefois difficile de trouver où stationner</u>
<u>la voiture.</u>

10. Avant de monter en avion, il faut acheter
    <u>un billet</u> .

   une montre
   un billet
   un journal
   une valise

<u>Avant de monter en avion, il faut acheter un</u>
<u>billet.</u>

Exercice B: Quelques phrases suivantes sont fausses. Changez chaque phrase fausse à une phrase vraie, et écrivez-la dans l'espace.

1. Pour aller à l'école, Jean-Pierre prend le bateau.

   <u>Pour aller à l'école, Jean-Pierre prend le vélo (le métro, l'autobus, etc.).</u>

2. Il y a beaucoup de taxis dans les grandes villes.

   <u>vrai</u>

3. Il n'y a pas d'autobus à Paris.

   <u>Il y a beaucoup d'autobus à Paris.</u>

4. Les écoliers prennent un car scolaire.

   <u>vrai</u>

5. En France il faut avoir seize ans pour conduire une voiture.

   <u>vrai</u>

6. Le TGV est un "Train à Grande Vitesse."

   <u>vrai</u>

Onzième Leçon (continuée)

7. Les avions atterrissent dans le parking.

   Les avions atterrissent sur le terrain d'attérissage.

8. A Paris, des milliers de gens se servent du métro.

   vrai

9. Beaucoup de touristes voyagent en autocar.

   vrai

10. L'auto-école n'est pas chère en France.

    L'auto-école est très chère en France.

11. Le chauffeur de taxi peut vous conduire à la gare.

    vrai

12. "Bicyclette" et "vélo" sont des mots synonymes.

    vrai

Huitième Lettre

Les Moyens de transport

Dans cette lettre vous allez décrire vos vacances en Europe à un(e) ami(e) ou un parent. Par exemple: Comment êtes-vous allé(e) à l'aéroport? Comment avez-vous voyagé de New York à Paris? Avez-vous employé le métro ou l'autobus pour traverser Paris? Si vous visiterez d'autres pays pendant votre voyage, comment voyagerez-vous? Rentrerez-vous par les mêmes moyens que vous avez voyagé premièrement?

5 novembre 1992

date

Cher Paul:

salutation

Enfin je suis à Paris. A New York j'ai pris un taxi pour aller à l'aéroport. J'ai voyagé de New York à Paris en avion. J'ai pris le métro pour traverser Paris. Que de monde! La semaine prochaine je visiterai l'Angleterre. Je prendrai d'abord le train et ensuite je m'embarquerai sur un bateau. J'espère vous voir bientôt.

Amitiés,

fermeture

Armand

signature

DOUZIÈME LEÇON

LES VOYAGES/
LES GRANDES VACANCES

Exercice A: D'abord, choisissez la réponse correcte et écrivez-la dans l'espace. Ensuite, écrivez toute la phrase sur la ligne.

1. Un touriste typique porte toujours
   __un appareil photographique__ .

   > un appareil photographique
   > un album de photos
   > des photographies
   > un sac à dos

   Un touriste typique porte toujours un appareil
   photographique.

2. Avant de partir on achète ses billets
   __au guichet__ .

   > à la douane
   > au guichet
   > dans le parking
   > à l'épicerie

   Avant de partir on achète ses billets au guichet.

3. Pour partir en vacances on met ses
   vêtements dans __une valise__ .

   > une armoire
   > un sac à main
   > une malle
   > une valise

   Pour partir en vacances on met ses vêtements
   dans une valise.

4. Quand on arrive à destination, on va
   __à l'hôtel__ .

   > à la bibliothèque
   > à l'hôtel
   > dans la rue
   > au cabaret

   Quand on arrive à destination, on va à l'hôtel.

5. Quand je me trouve dans une ville que je
   ne connais pas bien, je m'achète __un plan__ .

   > une clé
   > un monument
   > un plan
   > un carrefour

   Quand je me trouve dans une ville que je ne
   connais pas bien, je m'achète un plan de la ville.

6. Pendant mes vacances j'envoie des
   __cartes postales__ à mes amis.

   > examens
   > cartes postales
   > cadeaux
   > journaux

   Pendant mes vacances j'envoie des cartes
   postales à mes amis.

Douzième Leçon *(continuée)*

7. La personne qui fait visiter la ville aux touristes s'appelle __un guide__ .

    un directeur
    un agent de voyage
    un génie
    un guide

La personne qui fait visiter la ville aux touristes s'appelle un guide.

8. Pour avoir des souvenirs de leur voyage, beaucoup de gens __prennent des photos__ .

    prennent des photos
    visitent le musée
    épargnent de l'argent
    parlent une langue étrangère

Pour avoir des souvenirs de leur voyage, beaucoup de gens prennent des photos.

9. Un autre moyen de garder des souvenirs de son voyage, c'est __d'acheter des souvenirs__ .

    de se promener dans les magasins
    d'acheter des souvenirs
    de prendre la calèche
    de s'asseoir au café

Un autre moyen de garder des souvenirs de son voyage, c'est d'acheter des souvenirs.

10. Pour voyager d'un pays à l'autre il faut quelquefois passer par __la douane__ .

    le port
    la caissière
    le capitaine
    la douane

Pour voyager d'un pays à l'autre il faut quelquefois passer par la douane.

Exercice B: Quelques phrases suivantes sont fausses. Changez chaque phrase fausse à une phrase vraie, et écrivez-la dans l'espace.

1. Pour visiter une ville qu'on ne connaît pas, il faut acheter une mappemonde.
Pour visiter une ville qu'on ne connaît pas, il faut acheter un plan.

2. Quand on prend le métro, il faut toujours garder son ticket avec soi.
vrai

3. Dans la gare, on entend annoncer du haut-parler "En voiture!"
vrai

4. Les Français voyagent de préférence en juillet et août.
Les Français voyagent de préférence en août.

5. Quelqu'un qui n'est pas habitant du pays est un indigène.
Quelqu'un qui n'est pas habitant du pays est un visiteur.

6. Les Français n'aiment pas voyager à l'étranger.
Les Français aiment beaucoup voyager à l'étranger.

Douzième Leçon (continuée)

7. Beaucoup de Français font du camping en été.

   vrai

8. Une "caméra" et un "appareil photo" sont deux choses différentes.

   Une "caméra" et un "appareil photo" sont des synonymes.

9. Il faut porter des lunettes de soleil quand le temps est couvert.

   Il faut porter des lunettes de soleil quand il fait du soleil.

10. Personne ne parle anglais dans les pays étrangers.

    Beaucoup de personnes parlent anglais dans les pays étrangers.

11. Le quatorze juillet n'est par un jour férié.

    vrai

12. Les Français ont cinq semaines de vacances chaque été.

    Les Français ont quatre semaines de vacances chaque été.

Neuvième Lettre

Les Voyages/les grandes vacances

Dans cette lettre vous allez inviter une personne spéciale à passer du temps chez vous. Par exemple: Qui va vous visiter? Pourquoi voulez-vous passer du temps avec cette personne? Quand cette personne arriverez-t-elle? Combien de temps passerez-vous ensemble? Qu'est-ce que vous allez-faire? Voyager? Où? Faire des sports? Rendre visite à quelqu'un? Aller au ciné? Faire des achats?

26 octobre 1992
date

Cher Paul:
salutation

Voulez-vous me visiter à Paris? Nous pouvons passer quelque semaines ensemble pendant vos vacances. A Paris nous visiterons la Tour Eiffel, Notre-Dame et le Louvre. Nous visiterons beaucoup d'autres villes aussi. Vous serez content de votre voyage. A bientôt!

Amicalement,
fermeture

Armand
signature

TREIZIÈME LEÇON
L'AUTOMOBILE

Exercice A: D'abord, choisissez la réponse correcte et écrivez-la dans l'espace. Ensuite, écrivez toute la phrase sur la ligne.

1. Quand on conduit une voiture, le feu rouge veut dire qu'on doit __s'arrêter__ .

   ralentir
   accélérer
   tourner à gauche
   s'arrêter

   Quand on conduit une voiture, le feu rouge veut dire qu'on doit s'arrêter.

2. Le feu vert indique qu'on peut __accélérer__ .

   aller tout droit
   aller vite
   accélérer
   klaxonner

   Le feu vert indique qu'on peut accélérer.

3. Le feu jaune signale __de ralentir pour s'arrêter__ .

   de rouler à toute allure
   de tourner à droite
   de passer tout droit
   de ralentir pour s'arrêter

   Le feu jaune signale de ralentir pour s'arrêter.

4. Pour diriger la voiture, on se sert du __volant__ .

   cerf-volant
   volant
   frein
   pare-brise

   Pour diriger la voiture, on se sert du volant.

5. Pour voir derrière soi, on regarde dans __le rétroviseur__ .

   le clignotant
   le coffre
   le pot d'échappement
   le rétroviseur

   Pour voir derrière soi, on regarde dans le rétroviseur.

6. En cas d'accident, il vaut mieux __appeler la police__ .

   appeler la police
   se sauver
   appeler ses parents
   garder la droite

   En cas d'accident, il vaut mieux appeler la police.

7. Si un agent de police vous arrête pour une infraction de la loi, vous recevrez sans doute __une contravention__ .

   le grand prix
   des félicitations
   une amende
   une contravention

   Si un agent de police vous arrête pour une infraction de la loi, vous recevrez sans doute une contravention.

Treizième Leçon (continuée)

8. Si vous êtes coupable d'une infraction, vous serez obligé de payer __une amende__ .

   une amende
   l'agent de police
   l'avocat
   l'assurance

   Si vous êtes coupable d'une infraction, vous serez obligé de payer une amende.

9. Sur toutes les routes, il faut observer la limite de vitesse .

   l'automobiliste
   le chantier
   la limite de vitesse
   le paysage

   Sur toute les routes, il faut observer la limite de vitesse.

10. Sur certaines autoroutes, il faut payer le péage .

    le gendarme
    le péage
    l'essence
    les impôts

    Sur certaines autoroutes, il faut payer le péage.

Exercice B: Quelques phrases suivantes sont fausses. Changez chaque phrase fausse à une phrase vraie, et écrivez-la dans l'espace.

1. Il est plus facile de conduire la nuit.

   Il est plus facile de conduire le jour.

2. Le dimanche il y a beaucoup de circulation.

   Le dimanche il y a moins de circulation.

3. Quand il y a du verglas sur les routes, on risque de déraper.

   vrai

4. Il est dangereux de conduire après avoir bu des boissons alcoolisées.

   vrai

5. En France il faut avoir 18 ans pour obtenir un permis de conduire.

   vrai

6. Cent kilomètres à l'heure est une vitesse normale.

   Quatre-vingts kilomètres à l'heure est une vitesse normale.

Treizième Leçon (continuée)

7. Pour avoir une nouvelle voiture, il faut acheter une voiture d'occasion.

   Pour avoir une nouvelle voiture, il faut acheter une nouvelle voiture.

8. Pour ralentir, il faut appuyer sur la pédale du frein.

   vrai

9. Chaque automobiliste doit avoir une assurance d'automobile.

   vrai

10. L'essence ne se vend pas à la station-service.

    L'essence se vend à la station-service.

Dixième Lettre

L'Automobile

Votre père (ou mère) vient d'acheter une nouvelle voiture. Toute la famille est très contente. Dans cette lettre vous allez décrire la nouvelle voiture. Par exemple: Comment est la nouvelle voiture (la couleur, le modèle, etc.)? Pourquoi votre père (mère) l'a-t-il (elle) achetée? Allez-vous la conduire un jour? Allez-vous acheter votre propre voiture un jour? Quelle voiture? Coûtera-t-elle beaucoup?

10 mai 1992
date

Cher Henri:
salutation

La semaine dernière mes parents ont achêté une nouvelle voiture parce que leur voiture était trop vieille. La nouvelle voiture est un Chevrolet bleu. Ils l'aiment beaucoup. Quand j'ai mon permis je vais la conduire. Un jour je veux acheter un Peugeot blanc. Malheureusement cette voiture coûtera beaucoup.

Amitiés
fermeture

Pierre
signature

RÉVISION: LEÇONS 11–13

Les Moyens de transport, les voyages et les grandes vacances

Directions: Récrivez chacune des phrases suivantes pour être vraie. Faites attention à la grammaire. Commencez avec "Vrai" ou "Faux."

1. Il faut avoir un permis pour conduire un vélo.

   Faux, il faut avoir un permis pour conduire une voiture.

2. Beaucoup d'étudiants viennent à l'école à cheval.

   Faux, beaucoup d'étudiants viennent à l'école en vélo.

3. Pour voyager en avion il faut aller à la gare.

   Faux, pour voyager en avion il faut aller à l'aéroport.

4. On voyage plus lentement en métro qu'à pied.

   Faux, on voyage plus vite en métro.

5. Aux E.U. il faut avoir seize ans pour conduire une voiture.

   Vrai, aux E.U. il faut avoir seize ans.

6. Pour partir en vacances, on met les vêtements dans une armoire.

   Faux, on met les vêtements dans une valise.

7. Il faut avoir un passeport pour aller de Détroit à Toronto.

   Faux, il ne faut pas un passeport.

8. On achète les billets à la douane.

   Faux, on achète les billets au guichet.

9. Les lunettes de soleil sont souvent nécessaires par temps couvert.

   Faux, les lunettes de soleil sont nécessaires quand il fait du soleil.

10. Il faut s'arrêter au feu vert.

    Faux, il faut aller au feu vert.

Révision: Leçons 11–13 (continuée)

11. On emploie le rétroviseur pour voir derrière soi.

     Vrai, on emploie le rétroviseur pour voir derrière soi.

12. C'est une bonne idée de boire des boissons alcoolisées en conduisant.

     Faux, c'est une bonne idée de ne pas boire des boissons alcoolisées en conduisant.

13. Stationner la voiture n'est jamais nécessaire.

     Faux, stationner la voiture est souvent nécessaire.

14. On va à l'école souvent en bateau.

     Faux, on va à l'école rarement en bateau.

15. Pendant les vacances, on envoie des cartes postales à des amis.

     Vrai, on envoie souvent des cartes postales.

16. Personne ne parle anglais en Europe.

     Faux, beaucoup de personnes parlent anglais en Europe.

17. On fait souvent du camping en janvier.

     Faux, on ne fait pas souvent de camping en janvier.

18. Au feu rouge on accélère la voiture.

     Faux, au feu rouge on ralentit la voiture.

19. On donne un pourboire au ciné.

     Vrai, on donne un pourboire au ciné.

20. Si on klaxonne beaucoup, on peut conduire plus vite.

     Faux, il ne faut pas klaxonner sauf s'il est nécessaire.

QUATORZIÈME LEÇON

LE MARCHÉ/LES MAGASINS

Exercice A: D'abord, choisissez la réponse correcte et écrivez-la dans l'espace. Ensuite, écrivez toute la phrase sur la ligne.

1. Dans un grand magasin on vend _____ .

    peu de choses   beaucoup de choses
    des actions   des francs

    Dans un grand magasin un vend beaucoup de choses.

2. A la boucherie on vend _____ .

    du rouges à lèvres   de la laine
    des sabots   de la viande

    A la boucherie on vend de la viande.

3. Une chose qui n'est pas de la viande, c'est _____ .

    le veau   le poulet
    le porc   le poisson

    Une chose qui n'est pas de la viande, c'est le poisson.

4. A la pharmacie on peut acheter _____ .

    de la pâte dentifrice   un permis de conduire
    un gigot d'agneau   des chaussures de Chanel

    A la pharmacie on peut acheter de la pâte dentifrice.

5. Pour acheter une paire de souliers, il faut savoir _____ .

    l'adresse   le modèle
    la pointure   le fabricant

    Pour acheter une paire de souliers, il faut savoir la pointure.

6. Pour acheter un chemisier, il faut savoir _____ .

    la taille   l'heure de fermeture
    la couleur   le nom de la vendeuse

    Pour acheter un chemisier, il faut savoir la taille.

Quatorzième Leçon (continuée)

7. Sur un vêtement, on ne voit jamais _____ .

une fermeture éclair   de boutons
de pressions   de bigoudis

Sur un vêtement, on ne voit jamais de bigoudis.

8. Dans un centre commercial, on trouve _____ .

des maisons particulières   beaucoup de magasins différents
peu de boutiques   des appartements

Dans un centre commercial, on trouve beaucoup de magasins différents.

9. J'achète mon pain chez le _____ .

boulanger   charcutier
pâtissier   boucher

J'achète mon pain chez le boulanger.

10. Je fais réparer les talons chez le _____ .

teinturier   notaire
médecin   cordonnier

Je fais réparer les talons chez le cordonnier.

Exercice B: Quelques phrases suivantes sont fausses. Changez chaque phrase fausse à une phrase vraie, et écrivez-la dans l'espace.

1. J'ai acheté ma montre chez le bijoutier.

vrai

2. On achète des saucissons à la quincaillerie.

On achète des saucissons à la charcuterie.

3. On achète de l'essence au poste de police.

On achète de l'essence à la station-service.

4. Je peux acheter toutes sortes de choses au bazar.

vrai

5. J'achète du fil et de la laine à la mercerie.

vrai

Quatorzième Leçon (continuée)

6. Je vais chez le coiffeur pour poster mes lettres.

   Je vais à la poste pour poster mes lettres.

7. Il y a un grand choix de légumes et de fruits au marché.

   vrai

8. Les prix sont très raisonnables à l'orfévrerie.

   Les prix ne sont pas très raisonnables à l'orfévrerie.

9. Tout est très cher dans un bazar.

   Tout n'est pas très cher dans un bazar.

10. A la fin d'une saison, il y a de grandes soldes.

    vrai

11. En général, les voitures sont bon marché.

    En général, les voitures sont très chères.

12. Il faut aller dans une librairie pour emprunter des livres.

    Il faut aller dans une bibliothèque pour emprunter des livres.

Onzième Lettre

Le Marché/Les Magasins

Dans cette lettre vous allez d'abord écrire si vous aimez ou n'aimez pas faire des achats. Par exemple: Quand faites-vous d'habitude des achats? Avec qui aimez-vous faire des achats? Quand préférez-vous aller? Achetez-vous toujours quelque chose? Qu'est-ce que vous aimez acheter? Des vêtements? Des disques ou des bandes magnétiques? Des cadeaux pour des amis ou des parents? Qu'est-ce que vous n'aimez pas acheter? L'argent est-il quelquefois un problème? Ou en avez-vous toujours assez?

15 mars 1992
date

Ma chère Thérèse:
salutation

J'aime faire des achats avec ma mère. Nous aimons aller au centre commercial où il y a

beaucoup de magasins différents. D'habitude nous faisons les achats les après-midis et les week-ends.

J'aime acheter des vêtements et des cadeaux pour mes amis. Quelquefois je n'achète rien parce

que je n'ai pas assez d'argent. Aimes-tu faire des achats?

Je t'embrasse,
fermeture

Jacqueline
signature

QUINZIÈME LEÇON

J'AIME LES FÊTES

Exercice A: D'abord, choisissez l'expression qui complète le mieux la phrase. Ensuite, écrivez toute la phrase sur la ligne.

1. J'aime les fêtes parce que

   je m'ennuie   je regarde toujours les murs
   ils ont l'air intéressant   je m'amuse beaucoup

   J'aime les fêtes parce que je m'amuse beaucoup.

2. A une fête on peut

   acheter et vendre des choses   finir des devoirs
   chanter et danser   rentrer dans un mois

   A une fête on peut chanter et danser.

3. La Fête Nationale de la France est

   le jour du St. Valentin   le quatorze juillet
   l'anniversaire de Maurice Chevalier le quatre juillet

   La Fête Nationale de la France est le quatorze juillet.

4. Je fais une fête la semaine prochaine, et il faut envoyer _____ à mes amis.

   des invitations   des billets
   des fleurs   des cadeaux

   Je fais une fête la semaine prochaine, et il faut envoyer des invitations à mes amis.

5. Quand la fête se termine, c'est une bonne idée

   de rompre des plats et des verres   d'arriver après les autres
   d'arriver à l'heure   de dire «merci» avant de partir

   Quand la fête se termine, c'est une bonne idée de dire «merci» avant de partir.

6. Voyons . . . la musique, la nourriture, les rafraîchissements . . . oui! tout est prêt pour

   l'examen   la fête
   l'électrophone   les achats

   Voyons . . . la musique, la nourriture, les rafraîchissements . . . oui! tout est prêt pour la fête.

Quinzième Leçon (continuée)

7. Tous les invités apportent _____ à la fête d'anniversaire.

des écharpes blanches   de beaux cadeaux
beaucoup de patience   beaucoup de peur

Tous les invités apportent de beaux cadeaux à la fête d'anniversaire.

Exercice B: Quelques phrases suivantes sont fausses. Changez chaque phrase fausse à une phrase vraie, et écrivez-la dans l'espace.

1. Pour annoncer une fête on peut envoyer un paquet de France.

Pour annoncer une fête on peut envoyer des invitations.

2. Le Quatre Juillet est une grande fête religieuse aux États-Unis.

Le Quatre Juillet est une grande fête nationale aux États-Unis.

3. Tous les invités apportent des photos et des choses à manger à une fête d'anniversaire.

Tous les invités apportent des cadeaux et des choses à manger à une fête d'anniversaire.

4. Le Jour des Actions de Grâce est une fête nationale importante en France.

Le Jour des Actions de Grâce est une fête nationale importante aux États-Unis (au Canada).

5. En arrivant à une fête, c'est une bonne idée de dormir sur le divan.

En arrivant à une fête, c'est une bonne idée de dire «bonjour» à l'hôte (l'hôtesse).

6. Pour Noël on donne des cadeaux seulement aux enfants.

Pour Noël on donne des cadeaux à toutes les personnes.

7. Toutes les fêtes aux États-Unis doivent se terminer à minuit.

Toutes les fêtes aux États-Unis peuvent se terminer à n'importe quelle heure.

8. Très peu de personnes ne fêtent pas leurs anniversaires.

vrai

9. Il n'y a jamais de fête pour célébrer un anniversaire de mariage.

Il y a souvent une fête pour célébrer un anniversaire de mariage.

10. Presque tous les Américains célèbrent la fête de leur saint (sainte) autant que leurs anniversaires.

Presque tous les Français célèbrent la fête de leur saint (sainte) autant que leurs anniversaires.

Douzième Lettre

Les Fêtes

Dans cette lettre vous allez décrire une fête idéale que vous voudriez organiser. Vous avez à votre disposition tout l'argent nécessaire. Quelle sorte de fête allez-vous organiser? Il y aura une occasion spéciale? Quand se passera-t-elle? Où? Combien de personnes allez-vous inviter? Qui? Qu'est-ce que vous allez servir aux invités? Il y aura de la musique? Quelle sorte? Les invités que feront-ils à la fête?

12 juin 1992
date

Ma chère Marie:
salutation

Je vais organiser une fête d'anniversaire pour ma soeur. La fête se passera le 30 juin à l'Auberge des Quatre Temps. Je vais inviter environs dix amis de ma soeur. Son ami Jacques jouera de la guitare. On va chanter et danser. Il y aura beaucoup de rafraîchissements.

Marie, je t'invite aussi! A bientôt.

Bien amicalement à toi,
fermeture

Cécile
signature

Écrivez l'information nécessaire dans les espaces pour l'invitation à la fête que vous allez envoyer pour votre fête idéale.

Une fête chez Marie

Date _____

Heure _____

Nom _____

Numéro de téléphone _____

R.S.V.P. avant: _____

ECRIVONS DES POEMES

Outline for a cinquain poem for students to follow

_____

_____   _____

_____   _____   _____

_____   _____   _____   _____

_____

Directions:

1. state subject
2. describe subject
3. describe action
4. express emotion
5. reflect subject

Parts of speech:

1. (usually) noun
2. adjective, adjective/noun, adjective
3. 1 sentence/3 infinitives/3 participles
4. sentence
5. (usually) noun

Examples of student cinquain poems

M. Bartell

La nature, une pipe
Galant, calme, hardi
Le conseiller par excellence
Toujours lui!

Papillon

Moire, multicolore
Il vole, sautille, s'ébat.
Comme il est beau!
N'est-ce-pas?

Guerre

Sanglante, chére
Tire, bombardements, massacres
Cela n'en finira-t-il jamais?
Guerre!

Foule

Noire et blanche
Grouillante, affairée, bruyante
Où va cette vague?
Foule!

Voiture

Belle, vite
Je veux conduire
Elle coûte trop cher
Vélo!

Neige

Fraîche, blanche
Vient du ciel
J'aime la regarder
Paix!

Exercices à écrire avec plaisir

Citoyens de la planète terre*

Nous sommes tous habitants de cette planète
    Membres de la même famille humaine
Nous partageons le soleil
    Et le ciel
Nous partageons les mers
    Et la terre
Nous sommes tous différents tels les flocons de neige
Mais plus semblables que différents.
Nous avons tous les mêmes besoins:

    De nourriture

    De logis

    D'amour

    De bonheur

Nous avons les mêmes espoirs, les mêmes rêves
Toutes ces choses nous attachent
Nous dépendons les uns des autres
Nous avons besoin les uns des autres
Nous sommes tous habitants de cette planète
Membres de la même famille humaine.

*Written by a student; revised and improved by a teacher.

        Exercices à écrire avec plaisir

Citoyens de la planète terre

Directions: Lisez le poème deux fois. Ensuite encerclez ci-dessous la réponse correcte.

1. Tous les êtres humains vivent ___b___ .

   (a) au même endroit
   (b) sur la planète terre
   (c) sur différentes planètes
   (d) sur la terre et les mers

2. Qu'est-ce que nous partageons tous? Nous partageons tous ___c___ .

   (a) le ciel et la nourriture
   (b) le logis et l'amour
   (c) le soleil, le ciel, les mers et la terre
   (d) le même bonheur

3. Tous les êtres humains sont ___a___ .

   (a) plus semblables que différents
   (b) comme la neige
   (c) individualistes, sans bonheur
   (d) dépendants de leurs rêves

4. Nous sommes tous des être humains et nous sommes ___a___ .

   (a) dépendants les uns des autres
   (b) plus différents que semblables
   (c) citoyens du même pays
   (d) individuels commes les animaux

5. Nous sommes tous membres de la famille humaine et nous avons tous les même besoins comme, par exemple, ___c___ .

   (a) la planète plus grande
   (b) des flocons de neige
   (c) la nourriture, le logis, l'amour et le bonheur
   (d) le bonheur complet

Exercices à écrire avec plaisir

Appendix:
Examens
(Reproducibles)

Première Leçon
EXAMENS

Examen 1: Récrivez les phrases suivantes au négatif.

1. Vous aimez parler au téléphone. _____

2. Le professeur parle aux étudiants. _____

3. Tu regardes le cahier. _____

4. Il y a un livre là-bas. _____

5. J'ai deux cousins. _____

6. Nous vendons le vélo. _____

7. Nous choisissons le livre. _____

8. Ta mère est avec ton père. _____

9. Les stylos sont près du bureau. _____

10. Les enfants regardent la télé. _____

Examen 2: Récrivez les phrases à l'interrogatif.

1. _____

2. _____

3. _____

4. _____

5. _____

6. _____

7. _____

8. _____

9. _____

10. _____

Exercices à écrire avec plaisir

Deuxième Leçon
EXAMENS

Examen 1: Changez les noms dans les phrases suivantes du pluriel au singulier.

1. Ce sont des fenêtres. _____

2. Il y a des frères. _____

3. Nous étudions des livres. _____

4. J'ai deux cousines. _____

5. Regardez-vous des films documentaires? _____

6. Ce sont les étudiantes. _____

7. Qui désire vendre les maisons? _____

8. Il y a des portes là-bas. _____

9. Vendez-vous les vélos ou les motos? _____

10. Ils entendent les téléphones. _____

Examen 2: Récrivez les phrases à l'interrogatif.

1. Nous étudions toujours. _____

2. Il y a une soeur. _____

3. Vous parlez au téléphone. _____

4. Elles finissent les devoirs. _____

5. C'est une clef. _____

6. Je désire dîner maintenant. _____

7. Marc arrive. _____

8. Tu choisis le professeur. _____

9. On entend la radio. _____

10. Il a des livres. _____

Exercices à écrire avec plaisir

Troisième Leçon
EXAMENS

Examen 1: Changez les questions négatives aux réponses affirmatives. Toutes les réponses commencent "Si, ..."

1. Ils n'attendent jamais au lycée? _____

2. N'aimez-vous pas faire du ski? _____

3. Elle ne répond pas au professeur? _____

4. N'étudies-tu jamais dans ta chambre? _____

5. Je ne grossis pas? _____

6. Nous ne punissons pas les mauvais étudiants? _____

7. Ne travaille-t-il jamais? _____

8. N'aimons-nous pas jouer au basket? _____

9. Ne choisis-tu jamais faire du ski en juillet? _____

10. Vous n'entendez pas la radio? _____

Examen 2: Formez une phrase complète des mots suivants.

1. Où / travailler / tu? _____

2. Je / aimer / faire / promenades. _____

3. Nous / ne pas / choisir / disques. _____

4. Regarder / elle / télé / chez / amis? _____

5. Vous / rendre / souvent / livres. _____

6. Je / ne pas / grossir. _____

7. Qui / aimer / répondre / professeur? _____

8. Tu / choisir de / écouter / cassettes. _____

9. Ne jamais / travailler / il / lycée? _____

10. Entendre / vous / radio? _____

Name _____ Date _____

Quatrième Leçon
EXAMENS

Examen 1: Récrivez les phrases suivantes à l'interrogatif.

1. Vous faites du ski en février. _____

2. Tu vas au musée avec tes amis. _____

3. Nous parlons bien français. _____

4. Ils sont à la bibliothèque. _____

5. Le professeur a quelquefois mal à la tête. _____

6. Nous allons au ciné après l'école. _____

7. Tout le monde aime faire des promenades. _____

8. Tu es à la piscine. _____

9. Elle ne fait rien le samedi. _____

10. Je vais finir mes devoirs ce soir. _____

Examen 2: Complétez les phrases suivantes avec une expression convenable à droite.

1. On ne va jamais _____ en janvier.   (a) mal à la tête

2. Je vais _____ pour étudier.   (b) au supermarché

3. Si on a _____ , on va chez le médecin.   (c) à la piscine

4. Demain nous allons _____ pour l'anniversaire de papa.   (d) faire du ski

5. Tu vas _____ à la montagne?   (e) en classe

6. J'aime aller _____ le dimanche.   (f) à la bibliothèque

7. Nous cherchons les provisions _____ .   (g) à la poste

8. Maintenant les étudiants sont _____ .   (h) au ciné

9. On apprend à parler français _____ .   (i) au lycée

10. Elle achète les timbres pour ses lettres _____ .   (j) faire des achats

Exercices à écrire avec plaisir

Cinquième Leçon
EXAMENS

Examen 1: Formez une phrase complète des mots suivants.

1. Nous / ne jamais / écrire / lettres. _____

2. Qu'est-ce que / on / lire? _____

3. Savoir / vous / parler italien? _____

4. Ils / ne pas / vouloir / aller / ciné. _____

5. Lire / il / journal / revue? _____

6. Je / écrire / souvent / classe. _____

7. Quand / vouloir / tu / rendre visite / Marc? _____

8. Dire / vous / toujours / au revoir / professeur? _____

9. Tout le monde / faire / devoirs / soir. _____

10. Pourquoi / ne jamais / savoir / il / réponse? _____

Examen 2: Récrivez les phrases suivantes à l'interrogatif.

1. Je suis souvent en classe. _____

2. Tu peux lire la lettre après moi. _____

3. Nous voulons aller au lycée. _____

4. Françoise ne sait pas la réponse. _____

5. Il ne veut jamais entendre la radio. _____

6. Vous ne savez rien. _____

7. Ils peuvent aller au ciné ce soir. _____

8. Je fais une promenade. _____

9. Nous lisons souvent le journal. _____

10. Tu ne dis jamais au revoir. _____

Name _____ Date _____

Sixième Leçon
EXAMENS

Examen 1: Traduisez les phrases suivantes en bon anglais.

1. Pourquoi te dépêches-tu? _____

2. A quelle heure se couchent-ils? _____

3. Qui s'endort en classe? _____

4. Quand vous lavez-vous? _____

5. Assieds-toi! _____

6. Nous nous habillons dans notre chambre. _____

7. Vous taisez-vous? _____

8. Je vais me lever tôt demain matin. _____

9. Va-t'en! _____

10. Pourquoi le professeur ne s'ennuie-t-il pas? _____

Examen 2: Completez le sujet avec un verbe convenable.

1. Je _____

2. Vous _____

3. On _____

4. Ils _____

5. Tu _____

6. Qui _____

7. Elles _____

8. Tout le monde _____

9. Nous _____

10. Il _____

(a) ne te dépêches pas.

(b) s'endort en classe.

(c) s'ennuie au lycée?

(d) ne nous levons jamais.

(e) se rasent le matin.

(f) m'habille en bleu.

(g) se deshabille le soir.

(h) ne se taisent pas souvent.

(i) s'assied ici?

(j) vous asseyez vite.

Exercices à écrire avec plaisir

Septième Leçon
EXAMENS

Examen 1: Formez une phrase complète des mots suivants.

1. Jacques / être / content. _____

2. Janine / être / content. _____

3. Nous / être / optimiste. _____

4. Vous / ne pas / être / pessimiste. _____

5. Ma tante / être / riche. _____

6. Mes oncles / être / pauvre. _____

7. Le frère / ne pas / être / beau. _____

8. La soeur / ne pas / être / beau. _____

9. Il y a / mauvais / journal. _____

10. Il y a / mauvais / revue. _____

Examen 2: Traduisez les phrases suivantes en bon anglais.

1. Nous sommes célèbres. _____

2. Cette leçon est-elle difficile ou facile? _____

3. Où sont les hommes forts? _____

4. Il y a une jolie fille là-bas. _____

5. La classe est grande ou petite? _____

6. Joseph est sérieux. _____

7. La voiture est nouvelle? _____

8. Êtes-vous content(e) ou triste? _____

9. Pourquoi est-ce que les étudiants sont pessimistes? _____

10. Tu as des amis riches ou pauvres? _____

Exercices à écrire avec plaisir

Huitième Leçon
EXAMENS

Examen 1: Répondez aux questions suivantes au négatif.

1. A-t-il de l'argent? _____

2. Il y a de l'eau? _____

3. Voudrez-vous acheter du papier? _____

4. Avons-nous des amis? _____

5. Donnent-ils du papier? _____

6. Veut-il une tasse de thé? _____

7. As-tu une bouteille de lait? _____

8. Y a-t-il assez d'eau? _____

9. Y a-t-il un flacon de parfum là-bas? _____

10. Avez-vous trop de devoirs? _____

Examen 2: Répondez aux questions suivantes selon la petite réponse donnée.

1. Où allez-vous? (supermarché) _____

2. Étudie-t-il chez lui? (Non . . . bibliothèque) _____

3. Où passons-nous les grandes vacances? (campagne) _____

4. Visitent-ils les musées à Chicago? (Non . . . New York) _____

5. Restes-tu chez toi? (Non . . . maison de ma grand-mère) _____

6. Où voyez-vous des films? (cinéma) _____

7. Vas-tu à la plage? (Non . . . école) _____

8. Est-ce que je vais chez ma soeur? (Non . . . poste) _____

9. Allons-nous au concert? (Non . . . match de football) _____

10. Où déjeunons-nous? (restaurant) _____

Name _____ Date _____

Neuvième Leçon
EXAMENS

Examen 1: Complétez et récrivez les phrases suivantes avec la forme du verbe convenable.

1. Oui, nous ____ beaucoup soif.

_____

2. Le livre ____ à moi.

_____

3. Il ____ très beau aujourd'hui.

_____

4. J' ____ besoin de travailler.

_____

5. Vous ____ toujours le ménage?

_____

6. A qui ____ ces clefs?

_____

7. Tu ____ la vaisselle avant ou après le dîner?

_____

8. Non, elles n' ____ pas faim.

_____

9. Nous ____ au tennis.

_____

10. Les garçons ____ de vélo tous les week-ends.

_____

(a) fait
(b) sont
(c) jouons
(d) faites
(e) font
(f) avons
(g) ont
(h) ai
(i) est
(j) fais

Examen 2: Traduisez les phrases suivantes en bon anglais.

1. Apprenez-vous par coeur vos leçons? _____
2. Elle a besoin d'acheter une nouvelle voiture. _____
3. A qui est ce bébé? _____
4. Je fais une promenade après l'école. _____
5. Avec qui es-tu d'accord? _____
6. Il fait nuit maintenant. _____
7. On a besoin de rentrer avant minuit. _____
8. Jouez-vous au tennis avec votre frère ou votre soeur? _____
9. Ont-ils faim? _____
10. Est-ce que j'ai raison ou tort? _____

115   *Exercices à écrire avec plaisir*

Dixième Leçon
EXAMENS

Examen 1: Changez les verbes suivantes du présent au futur et récrivez les phrases.

1. Vous pouvez le faire. _____

2. Elles déjeunent chez Anne. _____

3. Vous descendez l'escalier. _____

4. Tu écoutes la radio. _____

5. J'ai des disques à écouter. _____

6. Il veut aller au ciné. _____

7. Vous faites vos devoirs? _____

8. On maigrit beaucoup. _____

9. Ils répondent au prof. _____

10. Nous finissons à 2h30. _____

Examen 2: Formez des phrases au futur des mots suivants.

1. Je / voir / film demain. _____

2. Comprendre / tu / question? _____

3. Elle / savoir / poème? _____

4. Ils / venir / chez nous. _____

5. Nous / avoir / livres / lire. _____

6. Vous / faire / ménage? _____

7. Quels disques / écouter / tu? _____

8. Je / finir / devoirs / après / école. _____

9. Entendre / tu / téléphone? _____

10. On / être / surprise-partie. _____

Exercices à écrire avec plaisir

Onzième Leçon
EXAMENS

Examen 1: Récrivez les phrases suivantes en changeant les verbes du présent au passé composé.

1. Vous écrivez des cartes postales. _____

2. J'ai mal à la tête. _____

3. A qui répondent-elles? _____

4. Qui fait le ménage? _____

5. Nous lisons des livres. _____

6. Il ne vend pas sa voiture. _____

7. Elle ne sort pas le soir. _____

8. On ne vient pas à la piscine. _____

9. Elles n'entrent pas avec les étudiants. _____

10. Ils n'arrivent pas à l'heure. _____

Examen 2: Complétez et récrivez les phrases suivantes au passé composé, selon le verbe donné.

1. (être)   Il   avocat. _____

2. (choisir)   -tu   le vélo ou la moto? _____

3. (écrire)   Je n'   pas   de cartes postales. _____

4. (avoir)   Nous   mal à la tête. _____

5. (aller)   Vous   au ciné hier? _____

6. (naître)   Je   le 14 mars. _____

7. (partir)   -elle   avec son cousin? _____

8. (entrer)   Nous ne   pas   en retard. _____

9. (faire)   Elle n'   rien   . _____

10. (mourir)   Elles ne   pas   l'année passée. _____

Treizième Leçon
EXAMENS

Examen 1: Récrivez les phrases suivantes d'une expression avec *de* à un adjectif possessif.

1. Où mettez-vous le papier de Paul? _____

2. Ce sont les livres de Maman et de Papa? _____

3. J'aime beaucoup les gants d'Alice. _____

4. On cherche la classe des étudiants. _____

5. Écoutent-ils les disques de George Michael? _____

6. Trouves-tu l'école de Martine? _____

7. Je lis les histoires de mon cousin. _____

8. C'est la nouvelle voiture de ton oncle? _____

9. Voilà les examens des professeurs. _____

10. Le perroquet d'Hélène est perdu. _____

Examen 2: Répondez aux questions suivantes avec une phrase complète.

1. Tu as perdu ton livre ou ton cahier? _____

2. Détestez-vous vos classes? _____

3. Ce sont nos radios? _____

4. Répondent-ils souvent à leurs profs? _____

5. Quelle est la date de ton anniversaire? _____

6. Préférez-vous ma robe ou la robe de Caroline? _____

7. Où prenons-nous nos repas? _____

8. Est-ce que j'ai trouvé ta radio? _____

9. Où est leur mère? _____

10. Aimez-vous parler à vos amis? _____

Exercices à écrire avec plaisir

Name _____ Date _____

Quatorzième Leçon
EXAMENS

Examen 1: Remplacez les objets soulignés avec le pronom convenable. Récrivez les phrases.

1. Je réponds toujours à mon père. _____

2. Nous finissons les leçons. _____

3. Où emmène-t-il sa soeur? _____

4. Quand téléphonez-vous à vos cousins? _____

5. Nous n'expliquons rien au prof. _____

6. J'obéis toujours à mes parents. _____

7. On achète souvent les cadeaux. _____

8. Aiment-ils prendre la moto? _____

9. Avec qui écoutez-vous les disques? _____

10. Parles-tu souvent à ta tante? _____

Examen 2: Traduisez les phrases suivantes en bon anglais.

1. Nous leur obéissons. _____

2. J'y attends. _____

3. Nous écoute-t-elle? _____

4. Ils ne leur donnent jamais de cadeaux. _____

5. Vous la voyez à l'école. _____

6. Elle y pense. _____

7. Ne les achètes-tu pas? _____

8. M'expliquez-vous toujours les questions? _____

9. Je la choisis souvent. _____

10. Nous ne leur téléphonons pas. _____

Exercices à écrire avec plaisir

Première Partie:

Pratiquons à écrire

STUDENT EDITION

Table des matières

Première Partie: Pratiquons à écrire

Deuxième Partie: Écrivons plus

PREMIÈRE LEÇON

Directions: Lisez le modèle. Ensuite, complétez les phrases, en employant le modèle comme guide.

Exercice A: Il y a un livre là-bas.

1. _____ porte _____ .
2. _____ professeur _____ .
3. _____ stylo _____ .
4. _____ table _____ .
5. _____ fenêtre _____ .
6. _____ crayon _____ .

Exercice B: Y a-t-il un étudiant ici?

1. _____ étudiante _____ ?
2. _____ chaise _____ ?
3. _____ bureau _____ ?
4. _____ crayon _____ ?
5. _____ cahier _____ ?
6. _____ table _____ ?

Exercice C: On ne regarde pas la télé.

1. Tu _____ .
2. Nous _____ .
3. Maman _____ .
4. Vous _____ .
5. Je _____ .
6. Les enfants _____ .

Exercice D: Est-ce que tu choisis le livre?

1. _____ Françoise _____ ?
2. _____ je _____ ?
3. _____ vous _____ ?
4. _____ les étudiants _____ ?
5. _____ nous _____ ?
6. _____ Papa _____ ?

Directions: Faites les changements nécessaires selon le modèle. Écrivez les phrases complètes.

Exercice E: Est-ce que Papa vend la maison?   Non, il ne vend pas la maison.

1. Est-ce que tu vends la voiture? _____
2. Est-ce que nous vendons le vélo? _____
3. Est-ce que Janine vend les cahiers? _____
4. Est-ce que les hommes vendent l'école? _____
5. Est-ce que vous vendez la moto? _____
6. Est-ce qu'on vend le tableau? _____

Première Leçon *(continuée)*

Exercice F: J'aime parler au téléphone.   Est-ce que j'aime parler au téléphone?

1. Il aime parler au téléphone. _____

2. Vous aimez parler au téléphone. _____

3. On aime parler au téléphone. _____

4. Elles aiment parler au téléphone. _____

5. Tu aimes parler au téléphone. _____

QUESTIONS ET RÉPONSES

Directions: Récrivez les phrases suivantes comme questions. (N'oubliez pas qu'il y a plus d'une façon pour écrire une question.)

1. Il y a un professeur là-bas. _____

2. Le stylo est près du crayon. _____

3. Nous avons deux soeurs. _____

4. Il y a trois fenêtres dans la salle de classe. _____

5. Maman n'a pas de frères. _____

6. Paul a une nièce ou un neveu. _____

7. Ta grand-mère est morte. _____

8. La porte est là-bas. _____

9. Ma cousine est ici. _____

10. La clef est dans le bureau. _____

11. Le professeur a trente étudiants. _____

12. Ils achètent des crayons. _____

13. Ton oncle est au lycée. _____

14. Les étudiants sont près de la porte. _____

Première Leçon (continuée)

15. Ce sont des livres. _____

16. Le professeur parle aux étudiants. _____

17. Il y a une table et deux chaises. _____

18. Ton cousin est avec ta tante. _____

19. Ma famille est grande. _____

20. Tu regardes le cahier. _____

DEUXIÈME LEÇON

Directions: Lisez le modèle. Ensuite, complétez les phrases, en employant le modèle comme guide.

Exercice A: J'étudie toujours.

1. Nous _____ .
2. Claire _____ .
3. Ils _____ .
4. Tu _____ .
5. Vous _____ .
6. Les garçons _____ .

Exercice B: Il finit les devoirs.

1. Elles _____ .
2. Vous _____ .
3. Je _____ .
4. On _____ .
5. Nous _____ .
6. Tu _____ .

Exercice C: Ils entendent le téléphone.

1. J' _____ .
2. Les filles _____ .
3. Nous _____ .
4. Tu _____ .
5. Marc _____ .
6. Vous _____ .

Exercice D: Vous désirez dîner maintenant?

1. Tu _____ ?
2. Papa _____ ?
3. Elles _____ ?
4. On _____ ?
5. Je _____ ?
6. Nous _____ ?

Directions: Faites les changements nécessaires selon le modèle. Écrivez les phrases complètes.

Exercice E: C'est une porte.   Ce sont des portes.

1. C'est un professeur. _____
2. C'est une fenêtre. _____
3. C'est une étudiante. _____
4. C'est un étudiant. _____

Deuxième Leçon (continuée)

5. C'est une clef. _____

6. C'est un livre. _____

Exercice F: Il y a une mère.   Il n'y a pas de mère.

1. Il y a un père. _____

2. Il y a un frère. _____

3. Il y a une tante. _____

4. Il y a une soeur. _____

5. Il y a un oncle. _____

Questions et réponses

Directions: Répondez aux questions suivantes avec une phrase complète. Faites attention à la grammaire.

1. A qui parles-tu au téléphone? _____

2. Choisissent-ils souvent les films français? _____

3. Quand est-ce que vous étudiez? _____

4. Où est-ce qu'on dîne? _____

5. Vendez-vous le vélo ou la moto? _____

6. Qu'est-ce que tu regardes à la télé? _____

7. Qu'est-ce que Papa ne vend pas? _____

8. Étudions-nous toujours? _____

9. Quand est-ce qu'il parle au téléphone? _____

10. Qui désire vendre la maison? _____

11. Quels films choisissez-vous? _____

12. A quelle heure finis-tu les devoirs? _____

Deuxième Leçon (continuée)

13. Quel tableau vend-on? _____

14. Regardez-vous les documentaires? _____

15. Qu'est-ce que Maman ne choisit pas? _____

16. Quand parlons-nous au téléphone? _____

17. Quand est-ce que Marc arrive? _____

18. Où finit-on les devoirs? _____

19. Dînent-ils dans quelques minutes? _____

20. Qu'est-ce que tu entends? _____

TROISIÈME LEÇON

Directions: Lisez le modèle. Ensuite, complétez les phrases, en employant le modèle comme guide.

Exercice A: Tu ne grossis pas.

1. Jacqueline _____ .

2. Nous _____ .

3. Je _____ .

4. Ils _____ .

5. Vous _____ .

6. On _____ .

Exercice B: Elle descend tout de suite.

1. Nous _____ .

2. Je _____ .

3. Papa _____ .

4. Tu _____ .

5. On _____ .

6. La classe _____ .

Directions: Faites les changements nécessaires selon le modèle. Écrivez les phrases complètes.

Exercice C: Je réponds quelquefois au professeur.　　Nous répondons quelquefois au professeur.

1. Tu réponds quelquefois au professeur. _____

2. Il répond quelquefois au professeur. _____

3. Elle répond quelquefois au professeur. _____

4. Nous n'attendons jamais au lycée. _____

5. Vous n'attendez jamais au lycée. _____

6. Ils n'attendent jamais au lycée. _____

7. Elles n'attendent jamais au lycée. _____

Troisième Leçon (continuée)

Exercice D: Est-ce que tu choisis les disques?   Je ne choisis rien.

1. Est-ce qu'elle choisit les disques? _____

2. Est-ce que vous choisissez les disques? _____

3. Est-ce qu'ils choisissent les disques? _____

4. Est-ce que je choisis les disques? _____

5. Est-ce que nous choisissons les disques? _____

6. Est-ce qu'on choisit les disques? _____

QUESTIONS ET RÉPONSES

Directions: Répondez aux questions suivantes avec une phrase complète. Faites attention à la grammaire.

1. Est-ce qu'on travaille à la bibliothèque? _____

2. Est-ce que Maman grossit? _____

3. Entendez-vous la radio? _____

4. Aiment-ils faire du vélo? _____

5. Qui répond au professeur? _____

6. Attendez-vous au lycée? _____

7. Qui punit les mauvais étudiants? _____

8. Quand travaille-t-il? _____

9. Qu'est-ce qu'on aime faire? _____

10. Tu choisis les disques ou les cassettes? _____

11. Étudies-tu dans ta chambre? _____

12. Aimez-vous faire des promenades? _____

13. Qu'est-ce qu'on ne choisit jamais? _____

14. Regarde-t-elle la télé chez des amis? _____

Troisième Leçon (*continuée*)

15. Quand répondez-vous en classe? _____

16. A quelle heure jouons-nous au basket? _____

17. Travailles-tu avec tes cousins? _____

18. Rendent-ils toujours les livres à l'heure? _____

19. Où est-ce qu'on travaille le soir? _____

20. Fais-tu du ski en juillet? _____

QUATRIÈME LEÇON

Directions: Lisez le modèle. Ensuite, complétez les phrases, en employant le modèle comme guide.

Exercice A:
Qu'est-ce que tu fais après l'école?

1. _____ on _____ ?

2. _____ nous _____
   _____ ?

3. _____ les profs _____
   _____ ?

4. _____ je _____ ?

5. _____ vous _____ ?

6. _____ tout le monde _____
   _____ ?

Exercice B:
Est-ce qu'ils sont à la bibliothèque?

1. _____ tu _____ ?

2. _____ la classe _____
   _____ ?

3. _____ je _____ ?

4. _____ nous _____
   _____ ?

5. _____ elle _____ ?

6. _____ vous _____ ?

Exercice C: Janine a quelquefois mal à la tête.

1. Le professeur _____ .

2. J' _____ .

3. Vous _____ .

4. Les étudiants _____ .

5. Tu _____ .

6. Nous _____ .

Exercice D: Je ne vais jamais au ciné le dimanche.

1. Les enfants _____ .

2. La classe _____ .

3. Nous _____ .

4. Tu _____ .

Quatrième Leçon (continuée)

5. Elle _____ .

6. Vous _____ .

Directions: Faites les changements nécessaires selon le modèle. Écrivez les phrases complètes.

Exercice E: Je ne fais rien le samedi.   Nous ne faisons rien le samedi.

1. Tu ne fais rien le samedi.   _____

2. Il ne fait rien le samedi.   _____

3. Elle ne fait rien le samedi.   _____

4. Nous n'allons plus à la piscine.   _____

5. Vous n'allez plus à la piscine.   _____

6. Ils ne vont plus à la piscine.   _____

7. Elles ne vont plus à la piscine.   _____

Exercice F: Elle va au musée avec ses amis.   Est-ce qu'elle va au musée avec ses amis?

1. Tu vas au musée avec tes amis.   _____

2. Les enfants vont au musée avec leurs amis.

_____

3. Vous allez au musée avec vos amis.   _____

4. Nous allons au musée avec nos amis.   _____

5. On va au musée avec ses amis.   _____

QUESTIONS ET RÉPONSES

Directions: Répondez aux questions suivantes avec une phrase complète. Faites attention à la grammaire.

1. Qu'est-ce que tu fais demain?   _____

2. Va-t-on à la poste le dimanche?   _____

Quatrième Leçon *(continuée)*

3. Qui a souvent mal à la tête? _____

4. Pourquoi vas-tu à l'école? _____

5. Est-ce qu'elle va au musée avec ses amis? _____

6. Où voit-on des fleurs? _____

7. A quelle heure vont-ils au supermarché? _____

8. Qu'est-ce que tu achètes pour l'anniversaire de Jacqueline? _____

9. Sont-ils à la bibliothèque? _____

10. Parlez-vous français? _____

11. Allons-nous au ciné après l'école? _____

12. Qu'est-ce qu'on apprend à l'école? _____

13. Qui ne va plus à la piscine? _____

14. Faites-vous du ski en février? _____

15. Qu'est-ce que je fais le samedi? _____

16. Où sommes-nous maintenant? _____

17. Fait-on des achats à la piscine? _____

18. Allez-vous finir vos devoirs ce soir? _____

19. Est-ce que le professeur a quelquefois mal à la tête? _____

20. Où est la piscine? _____

CINQUIÈME LEÇON

Directions: Lisez le modèle. Ensuite, complétez les phrases, en employant le modèle comme guide.

Exercice A: Est-ce que tu lis un journal?

1. _____ vous _____ ?

2. _____ ils _____ ?

3. _____ nous _____ ?

4. _____ la classe _____ ?

5. _____ les étudiants _____
   _____ ?

6. _____ je _____ ?

Exercice B: Qu'est-ce que vous dites?

1. _____ elle _____ ?

2. _____ ils _____ ?

3. _____ je _____ ?

4. _____ nous _____ ?

5. _____ le prof _____ ?

6. _____ tu _____ ?

Exercice C: Nous n'écrivons jamais de lettres.

1. Tu _____ .

2. Suzanne _____ .

3. Je _____ .

4. On _____ .

5. Vous _____ .

6. Les enfants _____ .

Exercice D: Vous ne voulez pas aller au ciné?

1. Il _____ ?

2. Je _____ ?

3. Nous _____ ?

4. Tu _____ ?

5. Elles _____ ?

6. Qui _____ ?

Exercice E: Qu'est-ce que je peux faire?

1. _____ on _____ ?

2. _____ vous _____ ?

3. _____ les étudiants _____
   _____ ?

4. _____ nous _____ ?

5. _____ tu _____ ?

6. _____ Marie _____ ?

Exercice F: Ils ne savent pas la réponse.

1. Tu _____ .

2. Nous _____ .

3. Elle _____ .

4. On _____ .

5. Je _____ .

6. Vous _____ .

Cinquième Leçon *(continuée)*

Directions: Faites les changements nécessaires selon le modèle. Écrivez les phrases complètes.

Exercice G: Est-ce qu'on veut rendre visite à Tante Régine?   Non, on ne peut pas le faire.

1. Est-ce que nous voulons rendre visite à Tante Régine? _____

2. Est-ce qu'ils veulent rendre visite à Tante Régine? _____

3. Est-ce que je veux rendre visite à Tante Régine? _____

4. Est-ce que vous voulez rendre visite à Tante Régine? _____

5. Est-ce que Georges veut rendre visite à Tante Régine? _____

6. Est-ce que tu veux rendre visite à Tante Régine? _____

QUESTIONS ET RÉPONSES

Directions: Répondez aux questions suivantes avec une phrase complète. Faites attention à la grammaire.

1. Qui n'écrit pas de lettres? _____

2. Qu'est-ce que vous dites au professeur à la fin de la classe? _____

3. Qu'est-ce que nous faisons en classe? _____

4. Peut-il aller au ciné ce soir? _____

5. Qu'est-ce que vous savez faire? _____

6. A qui rendons-nous visite? _____

7. Qu'est-ce qu'on écrit en classe? _____

8. Qu'est-ce que Suzanne peut faire? _____

9. Lit-il un journal ou une revue? _____

10. A qui écrivent-ils des cartes postales? _____

11. Savez-vous parler français? _____

12. Qu'est-ce que le professeur dit? _____

13. Qu'est-ce qu'il faut avoir pour apprendre? _____

14. Qu'est-ce que tu veux faire ce soir? _____

Cinquième Leçon (continuée)

15. A qui disent-ils «bonjour»? _____

16. N'écris-tu jamais de lettres? _____

17. Qui est souvent en classe? _____

18. Quand lisons-nous le journal? _____

19. Faites-vous des devoirs le dimanche? _____

20. Pourquoi lisez-vous des livres? _____

SIXIÈME LEÇON

Directions: Faites les changements nécessaires selon le modèle. Écrivez les phrases complètes.

Exercice A: Papa se rase-t-il?   Non, il ne se rase pas maintenant.

1. Te rases-tu? _____

2. Vous rasez-vous? _____

3. Les garçons se rasent-ils? _____

4. Nous rasons-nous? _____

5. Se rase-t-on? _____

6. Tes frères se rasent-ils? _____

Exercice B: Vous vous dépêchez?   Dépêchez-vous!

1. Vous vous endormez? _____

2. Vous vous levez? _____

3. Vous vous asseyez? _____

4. Vous vous habillez? _____

5. Vous vous taisez? _____

Exercice C: Tu ne couches pas?   Couche-toi!

1. Tu ne t'assieds pas? _____

2. Tu ne t'en vas pas? _____

3. Tu ne te lèves pas? _____

4. Tu ne te deshabilles pas? _____

Exercice D: Dépêchez-vous!   Ne vous dépêchez pas!

1. Tais-toi! _____

2. Levez-vous! _____

Sixième Leçon (continuée)

3. Assieds-toi! _____

4. Deshabillez-vous! _____

5. Va-t'en! _____

Exercice E: Je lis et j'écris en classe.   Qu'est-ce que tu fais en classe?

1. Vous lisez et vous écrivez en classe. _____

2. Elle lit et elle écrit en classe. _____

3. On lit et on écrit en classe. _____

4. Nous lisons et nous écrivons en classe. _____

5. Ils lisent et ils écrivent en classe. _____

6. Tu lis et tu écris en classe. _____

QUESTIONS ET RÉPONSES

Directions: Répondez aux questions suivantes avec une phrase complète. Faites attention à la grammaire.

1. A quelle heure te lèves-tu? _____

2. Est-ce que les étudiants s'ennuient en classe? _____

3. Où pouvons-nous nous asseoir? _____

4. Se lève-t-il tôt ou tard? _____

5. Vous habillez-vous vite? _____

6. Qui se rase le matin? _____

7. Pourquoi te dépêches-tu? _____

8. A quelle heure se couchent-ils? _____

9. Vous habillez-vous ou vous deshabillez-vous le soir? _____

10. Qui s'endort en classe? _____

11. Pourquoi le professeur ne s'ennuie-t-il pas? _____

12. Quand vous levez-vous? _____

Sixième Leçon (continued)

13. Où t'énerves-tu? _____

14. Nous couchons-nous dans le salon? _____

15. Peut-il se dépêcher? _____

16. Pourquoi est-ce que tu t'en vas? _____

17. Nous asseyons-nous près de la fenêtre ou près de la porte? _____

18. S'endorment-ils vite le soir? _____

19. Quand vous rasez-vous? _____

20. Où se lave-t-il le matin? _____

SEPTIÈME LEÇON

Directions: Faites les changements nécessaires selon le modèle. Écrivez les phrases complètes.

Exercice A: Nous sommes optimistes!   Mais non, vous êtes pessimistes!

1. Nous sommes riches! _____

2. Nous sommes faciles! _____

3. Nous sommes intelligents! _____

4. Nous sommes contents! _____

5. Nous sommes célèbres! _____

6. Nous sommes forts! _____

Exercice B: Jacques est fort. Et Marie?   Marie est forte, aussi.

1. Jacques est intelligent. Et Marie? _____

2. Jacques est sérieux. Et Marie? _____

3. Jacques est petit. Et Marie? _____

4. Jacques est nerveux. Et Marie? _____

5. Jacques est parfait. Et Marie? _____

6. Jacques est grand. Et Marie? _____

Exercice C: Le livre est grand?   Oui, c'est un grand livre.

1. La maison est grande? _____

2. Le garçon est petit? _____

3. La fille est petite? _____

4. Le frère est beau? _____

5. La soeur est belle? _____

6. Le père est vieux? _____

Septième Leçon *(continuée)*

7. La mère est vieille? _____

8. Le vélo est nouveau? _____

9. La voiture est nouvelle? _____

Exercice D: Il y a un joli livre là-bas.   Il y a de jolis livres là-bas.

1. Il y a une jolie fille là-bas. _____

2. Il y a un autre étudiant là-bas. _____

3. Il y a une autre étudiante là-bas. _____

4. Il y a un bon dessert là-bas. _____

5. Il y a une bonne pomme là-bas. _____

6. Il y a un mauvais journal là-bas. _____

7. Il y a une mauvaise revue là-bas. _____

QUESTIONS ET RÉPONSES

Directions: Répondez aux questions suivantes avec une phrase complète. Faites attention à la grammaire.

1. As-tu un grand livre? _____

2. Quelles sorte de classe est la classe de français? _____

3. Qui est célèbre? _____

4. Tu as des amis riches ou pauvres? _____

5. Pourquoi les étudiants sont-ils optimistes? _____

6. Cette leçon est-elle difficile ou facile? _____

7. C'est une bonne pomme? _____

8. Quelles sortes de livres préfères-tu? _____

9. Le professeur est-il tranquille? _____

10. La classe est grande ou petite? _____

11. Qui est content(e)? _____

Septième Leçon (continuée)

12. Les soeurs sont-elles amusantes? _____

13. Les vélos sont nouveaux ou vieux? _____

14. Où sont les hommes forts? _____

15. Pourquoi est-ce que les étudiants sont pauvres? _____

16. Ton cousin est intelligent? _____

17. L'homme au cirque, est-il fort ou faible? _____

18. Les beaux hommes sont français? _____

19. Pourquoi Robert est-il irrésistible? _____

20. Êtes-vous content(e) ou triste? _____

HUITIÈME LEÇON

Directions: Lisez le modèle. Ensuite, complétez les phrases, en employant le modèle comme guide.

Exercice A: Je voudrais acheter du papier.

1. _____ crayons.
2. _____ l'eau minérale.
3. _____ glace.
4. _____ gants.
5. _____ café.
6. _____ bas.

Exercice B: Mais non, pas de glace. Merci.

1. _____ thé. Merci.
2. _____ cadeaux. Merci.
3. _____ orangeade. Merci.
4. _____ disques. Merci.
5. _____ encre. Merci.
6. _____ examens. Merci.

Directions: Faites les changements nécessaires selon le modèle. Écrivez les phrases complètes.

Exercice C: Voulez-vous du thé? (une tasse)   Oui, une tasse de thé, s'il vous plaît.

1. A-t-il de l'argent?   (beaucoup) _____
2. Est-ce que j'ai du temps?   (assez) _____
3. Achètes-tu du parfum?   (un flacon) _____
4. Il y a de l'eau?   (un verre) _____
5. Avons-nous des amis?   (trop) _____
6. Donnent-ils du papier?   (un peu) _____

Exercice D: Partons-nous en vacances? (rester, maison)   Non, vous restez à la maison.

1. Part-il en vacances?   (rester, supermarché) _____
2. Pars-tu en vacances?   (marcher, lycée) _____
3. Part-on en vacances?   (aller, église) _____
4. Partent-ils en vacances?   (rentrer, hôpital) _____

Huitième Leçon (*continuée*)

5. Partez-vous en vacances? (rester, montagne) _____

6. Part-elle en vacances? (déjeuner, restaurant) _____

Exercice E: Qu'est-ce que tu dis?   Tu ne sais pas.

1. Qu'est-ce que le professeur dit? _____

2. Qu'est-ce que nous disons? _____

3. Qu'est-ce que je dis? _____

4. Qu'est-ce que vous dites? _____

5. Qu'est-ce qu'ils disent? _____

6. Qu'est-ce que la classe dit? _____

QUESTIONS ET RÉPONSES

Directions: Répondez aux questions suivantes avec une phrase complète. Faites attention à la grammaire.

1. Combien d'argent as-tu? _____

2. Où passons-nous les grandes vacances? _____

3. Quand part-il en vacances? _____

4. Voulez-vous une tasse de thé? Oui, _____

5. Pourquoi n'y a-t-il pas assez de lait? _____

6. Aimes-tu voir des films étrangers? _____

7. Où faut-il aller pour s'amuser? _____

8. Où allez-vous demain? _____

9. A-t-on assez de temps pour voir la fin du film? _____

10. Qu'est-ce que tu voudrais acheter? _____

11. Veut-elle du café ou de l'eau? _____

12. Combien d'amis ont-ils? _____

13. Restez-vous aux montagnes en décembre? _____

Huitième Leçon (continuée)

14. Faut-il beaucoup d'argent pour acheter des cadeaux de Noël? _____

15. Quel parfum préfère-t-elle? _____

16. Pourquoi rentrez-vous à l'hôpital? _____

17. Quel jour est le concert? _____

18. Étudiez-vous au supermarché ou à la bibliothèque? _____

19. Qu'est-ce qu'il y a à la plage? _____

20. Préférez-vous les vacances en été ou en hiver? _____

NEUVIÈME LEÇON

Directions: Lisez le modèle. Ensuite, complétez les phrases, en employant le modèle comme guide.

Exercice A: On a besoin de parler aux amis.　*Exercice B:* Il fait beau aujourd'hui.

1. _____ lire des livres.

2. _____ travailler à l'école.

3. _____ acheter une voiture.

4. _____ sortir quelquefois.

5. _____ étudier le français.

6. _____ rentrer avant minuit.

1. _____ une promenade après l'école.

2. _____ des achats avec sa soeur.

3. _____ du vélo tous les week-ends.

4. _____ un pique-nique dimanche.

5. _____ la vaisselle après le dîner.

6. _____ nuit maintenant.

Directions: Faites les changements nécessaires selon le modèle. Écrivez les phrases complètes.

Exercice C: Avez-vous faim?　Non, mais nous avons soif.

1. A-t-il faim? _____

2. As-tu faim? _____

3. Avons-nous faim? _____

4. A-t-on faim? _____

5. Ont-elles faim? _____

Exercice D: A qui est le livre?　Le livre est à moi.

1. A qui est la voiture?　(elle) _____

2. A qui est le vélo?　(nous) _____

3. A qui est l'argent?　(toi) _____

4. A qui est la valise?　(vous) _____

Neuvième Leçon (continuée)

5. A qui est le bébé? (eux) _____

6. A qui est la lettre? (lui) _____

7. A qui est le papier? (elles) _____

Exercice E: Qu'est-ce que tu apprends par coeur?   J'apprends par coeur mes leçons.

1. Qu'est-ce qu'il apprend par coeur? _____

2. Qu'est-ce que nous apprenons par coeur? _____

3. Qu'est-ce qu'elles apprennent par coeur? _____

4. Qu'est-ce que j'apprends par coeur? _____

QUESTIONS ET RÉPONSES

Directions: Répondez aux questions suivantes avec une phrase complète. Faites attention à la grammaire.

1. Avec qui es-tu d'accord? _____

2. De quoi a-t-on besoin pour être content? _____

3. Où jouez-vous au tennis? _____

4. Quel sport les garçons préfèrent-ils? _____

5. Qui fait le ménage chez vous? _____

6. Quand sort-il? _____

7. A qui sont les livres? _____

8. Joues-tu au tennis avec ton frère ou avec ta soeur? _____

9. Pourquoi avons-nous besoin d'aller à la bibliothèque? _____

10. Est-ce que j'ai raison ou tort? _____

11. Quand fais-tu des exercices? _____

12. Font-ils du jogging le matin ou le soir? _____

13. Apprenez-vous par coeur le poème? _____

14. Pourquoi a-t-on faim? _____

15. Que faites-vous quand vous avez sommeil? _____

Neuvième Leçon (continuée)

16. Où étudient-elles le français? _____

17. De quoi avez-vous peur? _____

18. Rentrent-ils avant ou après minuit? _____

19. Avons-nous honte de l'examen? _____

20. La valise est à vous ou à votre soeur? _____

DIXIÈME LEÇON

Directions: Faites les changements nécessaires selon le modèle. Écrivez les phrases complètes.

Exercice A: Tu écoutes la radio.   N'écouteras-tu pas la radio?

1. Elles déjeunent chez Anne. _____

2. On maigrit beaucoup. _____

3. Nous réfléchissons souvent. _____

4. Il entend les disques. _____

5. Vous descendez l'escalier. _____

6. Ils répondent au professeur. _____

Exercice B: J'ai assez de temps.   J'aurai assez de temps.

1. Tu es ici pour la surprise-partie. _____

2. Il fait quelquefois les devoirs. _____

3. Elle sait le poème. _____

4. Nous voulons aller au concert. _____

5. Vous pouvez le faire plus tard. _____

6. Ils vont au Canada en vacances. _____

7. Elles viennent chez nous. _____

Exercice C: J'ai des devoirs à faire.   Mais non, tu ne feras rien.

1. J'ai des films à voir. _____

2. J'ai des disques à écouter. _____

3. J'ai des leçons à savoir. _____

4. J'ai des problèmes à finir. _____

5. J'ai un habit à choisir. _____

6. J'ai des livres à compter. _____

Dixième Leçon (continuée)

Exercice D: Aujourd'hui elle fait les devoirs. Et demain?   Demain elle fera d'autres devoirs.

1. Aujourd'hui je vois un film. Et demain? _____

2. Aujourd'hui nous prenons un taxi. Et demain? _____

3. Aujourd'hui ils viennent un magasin. Et demain? _____

4. Aujourd'hui tu vas à un concert. Et demain? _____

5. Aujourd'hui vous êtes à l'école. Et demain? _____

QUESTIONS ET RÉPONSES

Directions: Répondez aux questions suivantes avec une phrase complète. Faites attention à la grammaire.

1. Où iras-tu pour ton anniversaire? _____

2. A quelle heure finiront-ils le roman? _____

3. Le film sera en blanc et noir ou en couleur? _____

4. Qu'est-ce qu'on fera samedi? _____

5. Jouerez-vous au tennis après l'école aujourd'hui ou demain? _____

6. Quand saura-t-il le poème? _____

7. Qu'est-ce que tu achèteras? _____

8. Répondrons-nous souvent en classe? _____

9. Qui choisira une nouvelle voiture? _____

10. Qu'est-ce que la classe n'entendra pas? _____

11. Avec qui joueront-ils au football? _____

12. Quels disques écouterons-nous? _____

13. Partiras-tu en vacances demain? _____

14. Quel film verrons-nous au Bijou? _____

15. Viendrez-vous au magasin ce soir ou demain? _____

16. Auront-ils mal à la gorge s'ils parlent trop fort? _____

17. Qui prendra un taxi? _____

Dixième Leçon *(continuée)*

18. Comprendras-tu la question plus tard? _____

19. Déjeunerons-nous à midi ou à une heure? _____

20. Qu'est-ce que je pourrai faire? _____

ONZIÈME LEÇON

Directions: Faites les changements nécessaires selon le modèle. Écrivez les phrases complètes.

Exercice A: On fait les sandwichs.   On a fait les sandwichs.

1. J'ai mal à la tête. _____

2. Il est avocat. _____

3. Nous lisons l'histoire. _____

4. La classe dit «au revoir». _____

5. Vous voulez le faire? _____

6. Ils écrivent des lettres. _____

Exercice B: J'ai lu le journal.   Je n'ai jamais lu le journal.

1. Elles ont dit «bonjour». _____

2. Qui a fait le ménage? _____

3. Tu as voulu acheter la voiture. _____

4. Nous avons eu mal aux dents. _____

5. Vous avez écrit des cartes postales. _____

Exercice C: Qui est descendu avec l'étudiant?   Personne n'est descendu avec l'étudiant.

1. Qui est venu avec l'étudiant? _____

2. Qui est entré avec l'étudiant? _____

3. Qui est arrivé avec l'étudiant? _____

4. Qui est sorti avec l'étudiant? _____

Exercice D: Aujourd'hui je prépare le dîner? Et hier?   Hier j'ai préparé le dîner aussi.

1. Aujourd'hui on vient à la piscine. Et hier? _____

2. Aujourd'hui elle lit un roman. Et hier? _____

3. Aujourd'hui nous partons en vacances. Et hier? _____

Onzième Leçon (continuée)

4. Aujourd'hui tu visites le musée. Et hier? _____

5. Aujourd'hui la classe va au zoo. Et hier? _____

6. Aujourd'hui vous choisissez un vélo. Et hier? _____

QUESTIONS ET RÉPONSES

Directions: Répondez aux questions suivantes avec une phrase complète. Faites attention à la grammaire.

1. Où êtes-vous nés? _____

2. Quand a-t-il préparé le dîner? _____

3. Est-ce que les étudiants ont fait leurs devoirs hier? _____

4. A quelle heure est-elle rentrée? _____

5. As-tu choisi le vélo ou la moto? _____

6. A qui ont-elles répondu? _____

7. N'avez-vous jamais voulu aller en Europe? _____

8. Pourquoi n'a-t-il pas vendu sa vieille voiture? _____

9. Qui a fait le ménage la semaine passée? _____

10. Quand êtes-vous partis en vacances? _____

11. Quel film ont-ils vu hier soir? _____

12. Qui est entré dans la salle?   Personne _____

13. Avez-vous pris l'avion ou le train pour aller à New York? _____

14. A-t-on lu les sonnets de Shakespeare? _____

15. N'ont-ils pas déjeuné à midi? _____

16. Quel jour avez-vous joué au tennis? _____

17. Pourquoi es-tu revenu après minuit? _____

18. Est-ce que les garçons ont rendu visite à leur soeur? _____

19. Qu'est-ce que nous avons fait hier? _____

20. Qui est arrivé avec Jean-Claude? _____

DOUZIÈME LEÇON

Pratiquons les Verbes

Exercice A: Complétez les espaces avec les formes convenables des verbes.

Présent	Passé Composé	Futur
1. Je mange toujours beaucoup de pain.		
2.	J'ai étudié toute la nuit.	
3.		Marie lira vite.
4. Écrivez-vous tous les exercices?		
5.		Nous pratiquerons tous les jours.
6.	Les deux jeunes gens ont vendu des journaux.	
7. Il faut étudier beaucoup.		
8.		Les amoureux écouteront les disques.
9.	Est-ce que tu as assisté aux cours tous les jours?	
10. Je reçois les cadeaux avec plaisir.		
11.	Avez-vous assez mangé?	

Douzième Leçon (continuée)

Exercice B: Complétez les espaces avec les formes convenables des verbes.

Présent	Passé Composé	Futur
1. Je dis toujours «bonjour» à mes amis.		
2.	Elle est entrée dans la salle de classe.	
3.		Que ferez-vous?
4. Nous sommes toujours malades.		
5.		Tu ne chanteras jamais.
6.	Ils ont choisi une nouvelle voiture.	
7. Qu'est-ce qu'il écrit?		
8.	J'ai parlé à mon frère.	
9.		Nous rentrerons samedi.
10.	Vous n'êtes pas arrivés à l'heure.	
11. Qui cherche les vieux livres?		

TREIZIÈME LEÇON

Directions: Lisez le modèle. Ensuite, complétez les phrases, en employant le modèle comme guide.

Exercice A: J'ai perdu mon livre.

1. _____ livres.

2. _____ amie.

3. _____ papiers.

4. _____ voiture.

5. _____ disques.

6. _____ cadeau.

Exercice B: J'aime beaucoup tes gants.

1. _____ vélo.

2. _____ voiture.

3. _____ frères.

4. _____ cousin.

5. _____ photo.

6. _____ affiches.

Directions: Faites les changements nécessaires selon le modèle.

Exercice E: Où mettez-vous vos disques?

1. _____ -vous _____ disque?

2. _____ -tu _____ disque?

3. _____ -tu _____ voiture?

4. _____ -il _____ voiture?

5. _____ -il _____ livres?

Exercice C: Nous ne détestons pas nos classes.

1. _____ soeur.

2. _____ professeur.

3. _____ amis.

4. _____ oncle.

5. _____ école.

6. _____ classe.

Exercice D: Ils répondent souvent à leurs professeurs.

1. _____ mère.

2. _____ père.

3. _____ amis.

4. _____ cousine.

5. _____ parents.

6. _____ frères.

6. _____ -elle _____ livres?

7. _____ -elles _____ livres?

8. _____ -elles _____ clefs?

9. _____ -nous _____ clefs?

Treizième Leçon (continuée)

Exercice F: Ce sont tes cahiers?   Non, ce ne sont pas mes cahiers.

1. Ce sont ses livres? _____

2. Ce sont vos papiers? _____

3. Ce sont mes repas? _____

4. Ce sont leurs amis? _____

5. Ce sont nos radios? _____

QUESTIONS ET RÉPONSES

Directions: Répondez aux questions suivantes avec une phrase complète. Faites attention à la grammaire.

1. Où avez-vous laissé vos devoirs? _____

2. Détestez-vous vos classes? _____

3. Tu as perdu ton livre ou ton cahier? _____

4. Met-il son vélo dans le garage le soir? _____

5. Écoutent-ils les disques de George Michael? _____

6. Où prenons-nous nos repas? _____

7. Que cherche le professeur? _____

8. Qu'est-ce que tu achètes à ton frère pour son anniversaire? _____

9. Quelle est la date de ton anniversaire? _____

10. Qui est-ce que Maman invite à dîner? _____

11. Combien d'enfants a ta cousine? _____

12. Est-ce que la classe déteste les examens? _____

13. Paul ne perd jamais ses affaires? Mais si, _____

14. A quelle heure est son match de basket? _____

15. A qui répondent souvent les étudiants? _____

16. Ont-ils laissé leurs livres à la bibliothèque? _____

Treizième Leçon (continuée)

17. Quel est votre cadeau préféré? _____

18. Qu'est-ce que nous empruntons? _____

19. Aimes-tu fêter tes amis? _____

20. Où est sa mère? _____

QUATORZIÈME LEÇON

Directions: Faites les changements nécessaires selon le modèle. Écrivez les phrases complètes.

Exercice A: Je réponds toujours à mon père.   Je lui réponds toujours.

1. Je finis toujours les devoirs. _____

2. J'écoute toujours la radio. _____

3. J'obéis toujours aux professeurs. _____

4. J'achète toujours les disques. _____

5. Je prends toujours le train. _____

6. J'emmène toujours ma soeur. _____

7. Je donne toujours l'argent à Paul. _____

8. J'explique toujours aux enfants. _____

Exercice B: Nous l'emmenons à la surprise-partie.   Nous ne l'emmenons pas à la surprise-partie.

1. Nous lui parlons à la surprise-partie. _____

2. Nous leur téléphonons à la surprise-partie. _____

3. Nous le regardons à la surprise-partie. _____

4. Nous la voyons à la surprise-partie. _____

5. Nous les finissons à la surprise-partie. _____

6. Nous l'achetons à la surprise-partie. _____

Exercice C: Tu regardes souvent les films.   Ne les regardes-tu pas souvent?

1. Il répond quelquefois au professeur. _____

2. Vous finissez toujours les devoirs. _____

3. On achète souvent le cadeau. _____

Quatorzième Leçon (continuée)

4. Nous téléphonons rarement à nos amis. _____

5. Elle choisit souvent la nouvelle voiture. _____

6. Elles obéissent toujours à leurs parents. _____

QUESTIONS ET RÉPONSES

Directions: Répondez aux questions suivantes avec une phrase complète. Faites attention à la grammaire.

1. Qui voyez-vous à la surprise-partie? _____

2. Obéis-tu toujours à tes parents? _____

3. Qu'est-ce que nous achetons pour le pique-nique? _____

4. Finit-il à l'heure ou tard ce soir? _____

5. Ne regardes-tu pas souvent de films étrangers? _____

6. Aiment-elles prendre le train? _____

7. Avec qui écoutez-vous les disques? _____

8. Où emmène-t-il sa soeur? _____

9. Qu'est-ce que nous regardons à la télé? _____

10. Parlez-vous quelquefois ou toujours? _____

11. Qu'est-ce qu'elles finissent? _____

12. Quand téléphone-t-il à sa cousine? _____

13. Pourquoi achetez-vous une nouvelle radio? _____

14. Qu'est-ce que j'explique aux enfants? _____

15. Parles-tu souvent à ta tante? _____

16. Les achetez-vous ou les vendez-vous? _____

17. L'apporte-t-il à sa mère ou à son père? _____

18. Leur réponds-tu souvent ou rarement? _____

19. Le rendons-nous avant ou après la classe? _____

20. Lui expliquez-vous toujours les questions? _____

Deuxième Partie:
Écrivons plus

PREMIÈRE LEÇON

APPRENDRE A ÉCRIRE DES LETTRES

I. Comment adresser l'enveloppe:

Destinaire:
- le nom
- le nombre et la rue
- la ville et l'arrondissement
- le pays

```
                    M. Armand Duclos
                    21, rue Cambacérès
                    Paris VIIe
                    France
```

Expéditeur(-trice):
- le nom
- le nombre et la rue
- la ville, l'état et zone postale
- le pays

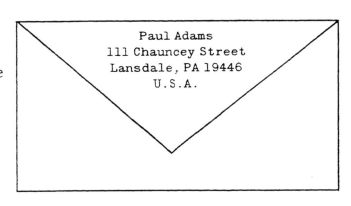

```
        Paul Adams
        111 Chauncey Street
        Lansdale, PA 19446
        U.S.A.
```

II. Pour commencer une lettre:
A. Place et date:
1. Paris, 13 mai 1990
2. Québec, 21 septembre 1991
3. Nice, premier avril 1992

NOTE: In French, the names of the months are not capitalized unless they begin the sentence.

When writing the date, *premier* is used for the first day of the month. Otherwise, the date is written with numbers (i.e., 2, 3, 19, 25, etc.).

Première Leçon (continuée)

B. La structure d'une lettre:

Place et date . . .	Paris, jeudi, premier juin
Nom et adresse . . .	M. Armand Duclos
	21, rue Cambacérès
	Paris VIIe
	France
Salutation . . .	Mon cher Armand
Lettre . . .	TEXTE
Fermeture . . .	Bien à toi,
Signature . . .	Paul Charpentier

C. Fermeture d'une lettre:
1. Bien amicalement à toi—In a very friendly way
2. Bien à toi—Sincerely
3. Amitiés—Regards
4. Je t'embrasse—I am sending you a hug (kiss)
5. Bien affectueusement—Very affectionately

III. Mots qui se referent à la poste:

adresser—to address
l'avenue—avenue
aviser—to inform
la boîte aux lettres—mailbox
le boulevard—boulevard
la case postale—post office box
le chargement—shipment (of goods)
les colis postaux—parcel post
communiquer—to communicate, tell
la compagnie (cie)—company
conseiller—to advise
la copie—copy
la correspondance—correspondence
demander—to ask
la distribution speciale—urgent
l'enveloppe—envelope
l'état—state
le facteur—letter carrier
le journal—newspaper
la lettre—letter

la lettre certifiée—certified letter
la liste de prix—price list
le mandat postal—money order
le paiement—payment
par avion—air mail
par route du courrier—by return mail
le pays—country
la place—square
raconter—to tell about
le récépissé—receipt
recommander—to register
la remise—remittance
répondre—to answer back
la revue—magazine
la rue—street
solliciter—to beg, ask for
sous pli distinct—under separate cover
le timbre—stamp
la zone postale—postal zone

DEUXIÈME LEÇON

QUELQUES EXEMPLES DES LETTRES

Nice, 11 février

Chère amie:

Je regrette de ne pas t'écrire pendant plus d'un mois. Je suis très occupée, et le temps va si vite.

Merci beaucoup pour les photos que j'ai reçues avec ta dernière lettre. Elles m'ont beaucoup plu, surtout celle de toi et Anita. A propos d'elle, est-ce que tu as des nouvelles?

Claire m'a téléphoné la semaine dernière et nous allons nous rencontrer aussi vite que possible.

Ton amie t'embrasse,
Hélène

Los Angeles
14 mai (lundi)

Mes cher grand-parents:

Salut de L.A.! C'est une très belle ville intéressante. Il y a beaucoup à voir et à faire. Je suis très content d'être ici avec oncle Raymond et tante Alice. Je crois que je vais m'amuser avec leurs familles.

Demain Tom va m'emmener à Universal Studios. Je ne peux pas attendre parce que, comme vous savez, je suis fasciné par les films américains. Ensuite, nous allons fêter l'anniversaire de Marguerite, la fille de mon oncle et ma tante. Nous allons acheter deux ou trois de ses disques préférés comme cadeau.

Je vous aime beaucoup,
Joseph

Deuxième Leçon (continuée)

13 septembre

Mes chers oncles:

Je veux vous remercier pour le pull que vous m'avez envoyé pour mon anniversaire. J'aime la mode et aussi la couleur. J'ai une jupe de la même couleur. Je vais porter le pull et la jupe quand je vais danser le week-end prochain.

Mes parents m'ont acheté un collier et un bracelet que je peux porter avec cet habit. Robert m'a acheté un beau bracelet-montre. J'adore tous mes cadeaux. J'espère vous voir bientôt.

Je vous embrasse,
Votre nièce Sylvie

Miami
10 décembre

Ma chère Linda:

J'ai reçu il y a quelques jours ta lettre où tu m'as dit que tu allais passer tes vacances à Miami avec ta famille. Quelle surprise! Il y a longtemps que nous nous voyions, n'est-ce pas? Nous ne saurons où commencer avec tant à faire.

Quand arriveras-tu? Si tu me dis l'heure de ton arrivée, peut-être que je peux te rencontrer à l'aéroport. Est-ce que tu restes dans un hôtel ou avec tes parents?

Qu'est-ce que tu voudrais faire? aller à la plage? faire des achats? allez au zoo? monter au cheval? Il y a beaucoup de choses à faire à Miami.

J'attends avec impatience ton arrivée. N'oublie pas d'apporter ton maillot.

Bien affectueusement,
Chantal

TROISIÈME LEÇON

J'AIME ENVOYER ET RECEVOIR DES LETTRES

Exercice A: Choisissez l'expression que vous aimez le plus pour compléter la phrase. Ensuite, écrivez toute la phrase dans l'espace.

1. Quelquefois j'écris

   des lettres à mes amis
   des billets de remerciements
   des lettres aux étoiles de ciné

   à n'importe qui
   des cartes postales pendant les vacances

   _____

2. J'aime écrire à mes amis et

   je leur écris toujours
   j'aime partager mes idées
   j'écris ce que je ne peux pas dire

   je le trouve facile
   il me rend content(e)

   _____

3. Au lieu d'écrire des lettres, je préfère

   envoyer des cartes postales
   parler au téléphone
   regarder la télé

   écrire dans mon journal
   voir mes copains (copines) à l'école

   _____

4. Je reçois des lettres

   quand j'écris beaucoup
   mais je n'y réponds jamais
   quand j'écris aux autres

   rarement
   seulement pour mon anniversaire

   _____

5. J'aime recevoir des lettres mais je n'aime pas y répondre parce que

   je n'aime pas écrire
   je ne sais pas commencer
   j'ai trop à dire

   je n'ai rien à dire
   je n'ai pas de bons amis

   _____

Troisième Leçon *(continuée)*

Exercice B: Les phrases suivantes sont fausses. Changez chaque phrase à une phrase vraie, et écrivez-la dans l'espace.

1. Nous écrivons beaucoup de lettres à nos ennemis.

   _____

2. Au lieu d'écrire des lettres, je préfère me battre avec mes amis.

   _____

3. D'habitude, je reçois 50 lettres par semaine.

   _____

4. Le timbre pour envoyer une lettre dans les États-Unis coûte un dollar vingt-cinq.

   _____

5. Avant d'écrire une lettre il faut y répondre.

   _____

6. Quand je vois mes amis tous les jours, il faut leur écrire aussi des lettres.

   _____

7. On écrit la date, la salutation et la fermeture sur l'enveloppe.

   _____

8. Il est nécessaire de mettre un timbre sur l'enveloppe pour l'envoyer.

   _____

9. Le Président des États-Unis répond à toutes les lettres qu'il reçoit chaque jour.

   _____

10. J'écris des lettres parce que je n'ai pas beaucoup à dire.

    _____

11. C'est inutile d'écrire des lettres parce que personne n'y répond jamais.

    _____

Troisième Leçon (continued)

12. C'est plus facile d'écrire un essai que d'écrire une lettre ou une carte postale.

___

QUATRIÈME LEÇON

JE VAIS ÉCRIRE MA PREMIÈRE LETTRE EN FRANÇAIS

Exercice A: Choisissez l'expression que vous aimez le plus pour compléter la phrase. Ensuite, écrivez toute la phrase dans l'espace.

Cher (Chère) _____

1. Je suis très occupé(e) depuis longtemps avec

   mes études   mon passe-temps préféré
   mon travail   les sports
   mes amis

   _____

2. J'espère que

   tu penses à moi   tu vas bien
   es content(e)   tu as un travail agréable
   tu t'amuses

   _____

3. Le temps, aujourd'hui

   il fait frais et il pleut   il fait chaud avec beaucoup d'humidité
   il fait plutôt froid (chaud)   il fait froid (chaud) pour cette saison
   il fait mauvais

   _____

4. Les nouvelles les plus intéressantes sont de

   mon nouveau travail   mon nouveau passe-temps
   mes copains (copines) d'école   ma famille
   mes réussites dans les sports

   _____

Quatrième Leçon (continuée)

5. Écris-moi

    ou téléphone-moi   ou rends-moi visite
    quand tu as le temps   parce que j'aime beaucoup tes lettres
    bientôt

_____

Bien affectuesement,

_____

Exercice B: Employez les réponses de l'exercice précédent pour écrire une lettre de six à huit phrases à un ami (ou à une amie).

_____
place

_____
date

_____
salutation

_____

_____

_____

_____

_____

_____

_____

_____
fermeture

_____
signature

RÉVISION: LEÇONS 1–4

Première Leçon: Apprendre à écrire des lettres

Directions: Répondez aux questions suivantes avec une phrase complète.

1. Combien coûte-t-il d'envoyer une lettre dans les États-Unis?

   _____

2. Si on ne veut pas mettre une lettre dans la boîte aux lettres parce qu'on se dépêche, où est-ce qu'on va avec la lettre?

   _____

3. Savez-vous trois mots en français qui veut dire "rue"? (petites et grandes rues)

   _____

4. Comment envoie-t-on une lettre pour arriver le lendemain?

   _____

5. Qui distribue les lettres?

   _____

6. De quoi se sert-on pour écrire une lettre?

   _____

7. Qu'est-ce qu'on peut recevoir par la poste?

   _____

Deuxième Leçon: Quelques Exemples des lettres

Directions: Répondez aux questions suivantes avec une phrase complète.

1. Qu'est-ce qu'on met au commencement d'une lettre (deux choses)?

   _____

2. Comment répond-on à une lettre?

   _____

Révision: Leçons 1–4 (continuée)

3. Qui est le destinataire d'une lettre?

_____

4. Qui est l'expéditeur d'une lettre?

_____

Troisième Leçon: J'aime envoyer et recevoir des lettres

Directions: Répondez aux questions suivantes avec une phrase complète.

1. Est-ce que vous aimez envoyer ou recevoir des lettres? Lequel est-ce que vous préférez?

_____

2. A qui est-ce que vous écrivez des lettres d'habitude?

_____

3. De qui est-ce que vous recevez la plupart de vos lettres?

_____

4. Pourquoi est-ce que vous écrivez des lettres?

_____

5. En général, comment est-ce que vous envoyez des lettres?

_____

6. Quand vous êtes en vacances, combien de temps est-ce que vous passez à écrire à vos parents et vos amis?

_____

7. Quand (pendant l'année) est-ce que vous recevez beaucoup de lettres?

_____

8. Est-ce qu'il est important de répondre aux lettres qu'on reçoit? Pourquoi? Pourquoi pas?

_____

Révision: Leçons 1–4 (continuée)

Quatrième Leçon: *Je vais écrire ma première lettre en français*

Exercice A: Répondez aux questions suivantes avec une phrase complète.

1. Dans la première lettre qu'on écrit à un "correspondent," il faut s'identifier. Comment vous appelez-vous?

_____

2. Où est-ce que vous habitez? De quel pays êtes-vous?

_____

3. Quel âge avez-vous? Avez-vous des frères (cadets, aînés)?

_____

4. A quelle école allez-vous?

_____

5. Quels sujets étudiez-vous?

_____

6. Quels sont vos sujets préférés?

_____

7. Comment sont vos classes? Intéressantes?

_____

8. En général, est-ce que vous avez beaucoup de devoirs tous les soirs?

_____

Exercice B: Écrivez l'enveloppe que vous allez envoyer à un "correspondent." Ajoutez le nom donné et la nom de famille de la personne à qui vous écrivez, son adresse et la ville et le pays.

_____

Révision: Leçons 1–4 (continuée)

Exercice C: Écrivez maintenant vos réponses aux questions de l'exercice *A* sous forme d'une lettre à un "correspondent."

_____

date

_____

salutation

_____

_____

_____

_____

_____

_____

fermeture

_____

signature

Lettres et plus de lettres

Dans cette lettre et dans les suivantes, vous allez écrire une série de lettres pareille à celle que vous avez écrite dans le quatrième leçon. Le sujet de chaque lettre est le même que le titre de chaque leçon.

Vous allez écrire des lettres à des amis qui n'habitent pas dans la même ville que vous, qui ont le même âge que vous, et qui vont à l'école comme vous. Vous pouvez aussi écrire à un parent, surtout à un(e) cousin(e), ou peut-être à des oncles ou à des grand-parents. Vous êtes prêt(e)? Commençons . . . .

CINQUIÈME LEÇON

LA FAMILLE ET LES PARENTS

Exercice A: D'abord, choisissez la réponse correcte et écrivez-la dans l'espace. Ensuite, écrivez toute la phrase sur la ligne.

1. La mère de mon père est ma _____ .

   grand-mère
   cousine
   tante
   nièce

   _____

2. Le fils de mon père est mon _____ .

   cousin
   frère
   oncle
   parrain

   _____

3. Les parents de mes cousins sont _____

   _____ .

   mes grand-parents
   mes neveux
   mon oncle et ma tante
   mes soeurs

   _____

   _____

4. La soeur de mon père est ma _____ .

   cousine
   grand-mère
   nièce
   tante

   _____

5. Mon père et mon oncle sont _____ .

   frères
   cousins
   fils
   voisins

   _____

6. Ma mère est _____ de mon père.

   la marraine
   la tante
   l'épouse
   la cousine

   _____

7. Je suis le petit-fils de mon _____ .

   père
   grand-père
   oncle
   arrière-grand-père

   _____

8. Je suis fils unique; je n'ai pas _____

   _____

   d'amis
   de voisins
   de parrains
   de frères ou soeurs

   _____

Cinquième Leçon (continuée)

9. La fille de ma mère est ma _____ .

nièce
cousine
petite-fille
soeur

_____

10. Les membres de ma famille sont des _____ .

voisins
parrains
parents
frères

_____

Exercice B: Quelques phrases suivantes sont fausses. Changez chaque phrase fausse à une phrase vraie, et écrivez-la dans l'espace.

1. Chaque famille est composée de quatres personnes.

_____

2. Les parents de mes parents sont mes grands-parents.

_____

3. Mes grands-parents sont les arrière-grands-parents de mes grands-parents.

_____

4. La mère de mon mari est ma filleule.

_____

5. Mon beau-père est le père de mon mari.

_____

6. Je suis la belle-fille de ma belle-mère.

_____

7. Ma soeur est mariée; son mari est mon cousin.

_____

8. J'ai beaucoup de petits-enfants; ce sont mes aïeux.

_____

9. La soeur de ma mère est ma nièce.

_____

Cinquième Leçon (continuée)

10. Mon gendre est le frère de mon mari.

_____

11. Ma nièce est la fille de mon fils.

_____

12. Ma femme a trois frères; ce sont mes beaux-pères.

_____

Deuxième Lettre

La Famille et les parents

Dans cette lettre vous allez décrire votre famille à un(e) de vos ami(e)s. Par exemple: Combien de personnes y a-t-il dans votre famille? Comments s'appellent-ils? Quels âges ont-ils? Comment sont-ils? (traits physiques et psychologiques) Quelles sont leurs occupations (carrières)? Qu'est-ce qu'ils aiment faire? (pour s'amuser, pour distractions)

_____
                                        date

_____
            salutation

_____

_____

_____

_____

_____

_____
                                     fermeture

_____
                                     signature

SIXIÈME LEÇON

LES REPAS

Exercice A: D'abord, choisissez la réponse correcte et écrivez-la dans l'espace. Ensuite, écrivez toute la phrase sur la ligne.

1. En France le repas le plus important c'est

   _____ .

       le petit déjeuner
       le goûter
       le souper
       le déjeuner

   _____

   _____

2. J'ai soif; je veux _____ .

       boire
       manger
       cacher
       goûter

   _____

3. Je _____ le petit déjeuner très tôt.

       bois
       mange
       prends
       jette

   _____

4. On sert le déjeuner vers _____ .

       7 h du matin
       midi
       7 h du soir
       l'après-midi

   _____

5. J'ai faim; je vais _____ .

       dormir
       vivre
       manger
       sortir

   _____

6. On ne sert d'une tasse pour prendre

   _____ .

       le fromage
       la viande
       la salade
       le thé

   _____

7. Le fruit que j'aime le mieux c'est _____ .

       la pomme de terre
       la cacahouète
       la poire
       la laitue

   _____

8. Il faut un verre pour _____ .

       desservir
       mettre le couvert
       bien manger
       boire de l'eau

   _____

Sixième Leçon (continuée)

9. J'ai besoin d' _____ pour
   manger les haricots.

   une fourchette
   un couteau
   une cuillère
   une nappe

   _____

   _____

10. Avant de s'asseoir à table, il faut

   _____ .

   ouvrir la boîte
   desservir la table
   mettre le couvert
   allumer le four

   _____

   _____

Exercice B: Quelques phrases suivantes sont fausses. Changez chaque phrase fausse à une phrase vraie, et écrivez-la dans l'espace.

1. On met du sel et du poivre sur la viande.

   _____

2. Il faut une fourchette pour servir le sucre.

   _____

3. Il faut un couteau pour remuer le café.

   _____

4. Quand on achète de la glace, il y a un grand choix de parfums.

   _____

5. On a faim après le dessert.

   _____

6. Pour maigrir il faut suivre un régime.

   _____

7. Quand on a faim, il faut boire un verre d'eau.

   _____

8. On sert la viande saignante, à point ou bien cuite.

   _____

9. La courgette est une boisson.

   _____

Sixième Leçon (continuée)

10. Une pastèque est un poisson.

_____

11. Quand j'ai soif, je vais au restaurant.

_____

12. Il faut mettre le rôti au four.

_____

13. Après le repas, il faut laver la vaisselle.

_____

14. La bière, le lait et le potage sont des boissons.

_____

Troisième Lettre

Les Repas

Dans cette lettre vous allez écrire une description de votre dernier repas préféré et la personne (les personnes) avec qui vous l'avez mangé. Par exemple: Où avez-vous mangé? Quand êtes-vous allé(e)s? C'était une occasion spéciale? Qui a payé l'addition? Pourquoi est-ce que c'était un repas notable? Est-ce que quelque chose d'intéressant s'est passé?

_____
date

_____
salutation

_____

_____

_____

_____

_____
fermeture

_____
signature

SEPTIÈME LEÇON

LES DISTRACTIONS

Exercice A: D'abord, choisissez la réponse correcte et écrivez-la dans l'espace. Ensuite, écrivez toute la phrase sur la ligne.

1. Un concert est un programme de _____ .

    tableaux
    films
    musique
    danse

    _____

2. Je vais au musée pour voir de _____ .

    beaux tableaux
    belles revues
    vieux journaux
    nouveaux livres

    _____

3. Je vais à la bibliothèque pour _____ .

    faire des achats
    chanter
    lire
    parler

    _____

4. Je vais au cinéma pour voir _____ .

    un spectacle
    un film
    un concert
    une répétition

    _____

5. Je vais au centre commercial pour

    _____

    acheter des souliers
    jouer au tennis
    faire du bateau à voile
    acheter une voiture

    _____

    _____

6. Un sport très populaire en France c'est

    _____ .

    le tennis
    le football
    le golf
    le hockey

    _____

    _____

7. Pour nager je préfère aller _____ .

    au stade
    à la station thermale
    à la montagne
    à la piscine

    _____

Septième Leçon (continuée)

8. J'écoute à la radio mon _____ préféré.

    chanteur
    ami
    voisin
    oiseau

_____

9. J'ai un _____ pour écouter mes cassettes préférées.

    tourne-disque
    piano
    magnétophone
    magnétoscope

_____

_____

10. Je regarde la télévision pour voir

_____ .

    un feuilleton
    un disque
    un théâtre
    un manège

_____

Exercice B: Quelques phrases suivantes sont fausses. Changez chaque phrase fausse à une phrase vraie, et écrivez-la dans l'espace.

1. Il y a douze joueurs dans une équipe de football.

_____

2. Il faut un stade pour jouer au golf.

_____

3. On joue au tennis sur un terrain.

_____

4. Il faut un arbitre pour un match officiel.

_____

5. Celui qui assiste à tous les matchs est un fanatique.

_____

6. Pour faire une partie d'échecs, il faut quatre personnes.

_____

7. Une partie de cartes est un jeu tranquille.

_____

Septième Leçon (continuée)

8. Il faut acheter un billet pour aller au spectacle.

_____

9. A la plage il faut s'habiller en maillot de bain.

_____

10. La lecture est une distraction pour tous les âges.

_____

Quatrième Lettre

Les Distractions

Dans cette lettre vous allez décrire un ou deux de vos passe-temps préférés. Par exemple: Qu'est-ce que c'est? Pourquoi l'avez-vous choisi? Quand le pratiquez-vous? Avez-vous besoin de quelque chose de spécial pour le faire? Est-ce que des leçons spéciales sont nécessaires? Pouvez-vous le faire seul(e) ou les autres sont-ils (elles) nécessaires? Le recommandez-vous aux autrui?

_____
date

_____
salutation

_____

_____

_____

_____

_____

_____
fermeture

_____
signature

RÉVISION: LEÇONS 5-7

La Famille, les parents, les repas et les distractions

Directions: Récrivez chacune des phrases suivantes pour être vraie. Faites attention à la grammaire. Commencez avec "Vrai" ou "Faux."

1. La soeur de mon père est ma cousine.

   _____

2. Si je suis fille unique, je n'ai ni frères, ni soeurs.

   _____

3. Le fils de mon père est mon oncle.

   _____

4. Ma mère est la tante de mon père.

   _____

5. Quand j'ai faim, je vais dormir.

   _____

6. On a besoin d'une fourchette pour boire de l'eau.

   _____

7. Pour couper de la viande, il faut un couteau.

   _____

8. En France, on prend des oeufs au petit déjeuner.

   _____

9. On se sert des légumes pour faire une omelette.

   _____

10. Si j'ai soif, je prends du pain.

   _____

Révision: Leçons 5–7 (continuée)

11. On va au musée pour voir des films.

_____

12. Le football est un sport populaire en France.

_____

13. Pour écouter des disques, il faut un écran.

_____

14. Il y a neuf joueurs dans une équipe de basket.

_____

15. En hiver, je fais souvent du ski nautique.

_____

16. Les membres de ma famille sont mes parents.

_____

17. La femme de mon frère est ma belle-mère.

_____

18. En France, on dîne souvent vers six heures du soir.

_____

19. Comme dessert, je prends une aubergine.

_____

20. On va à la bibliothèque pour faire des achats.

_____

HUITIÈME LEÇON

LES CARRIÈRES ET LES OCCUPATIONS

Exercice A: D'abord, choisissez la réponse correcte et écrivez-la dans l'espace. Ensuite, écrivez toute la phrase sur la ligne.

1. Marie travaille dans un restaurant; elle est

   _____ .

       femme de ménage
   serveuse
   secrétaire
   standardiste

   _____

   _____

2. Madame Durand enseigne dans une école

   primaire; elle est _____ .

   professeur
   remplaçante
   serveillante
   institutrice

   _____

   _____

3. Quelqu'un qui soigne les malades est

   _____ .

       médecin
   inspecteur
   trésorier
   notaire

   _____

4. Quelqu'un qui a fait son droit est _____ .

       charpentier
   agent de la sûreté
   avocat
   notaire

   _____

5. Quelqu'un qui travaille dans une salle

   d'opération est _____ .

       délégué
   chirurgien
   rédacteur
   cadre

   _____

   _____

6. Il faut aller à l'église pour trouver le _____ .

       premier ministre
   ouvrier
   chef
   prêtre

   _____

7. La personne qui livre le courrier est _____ .

       facteur
   mécanicien
   garagiste
   pasteur

   _____

Huitième Leçon *(continuée)*

8. En cas de feu, il faut appeler _____ .

    le plombier
    les pompiers
    le condonnier
    le teinturier

_____

9. Pour faire racommoder les chaussures,

on va chez _____ .

    l'ingénieur
    l'épicier
    le boucher
    le cordonnier

_____

_____

10. Celui qui soigne les animaux s'appelle

_____ .

    le professeur
    le peintre
    le cuisinier
    le vétérinaire

_____

_____

Exercice B: Quelques phrases suivantes sont fausses. Changez chaque phrase fausse à une phrase vraie, et écrivez-la dans l'espace.

1. Le soldat est dans l'armée.

_____

2. L'infirmière soigne les touristes.

_____

3. Un journaliste doit savoir bien parler.

_____

4. Un cadre fait partie de l'administration d'une entreprise.

_____

5. Le notaire vend du papier à lettre.

_____

6. Un employé de magasin doit vendre des médicaments.

_____

7. Un ingénieur travaille, par exemple, dans la production des ordinateurs.

_____

Huitième Leçon (continuée)

8. Quelqu'un qui est propriétaire d'une épicerie est commerçant.

_____

9. Un interprète ne parle qu'une langue.

_____

10. Quelqu'un de doué n'a pas de talent.

_____

11. Si l'eau du robinet ne coule pas, j'appelle le plombier.

_____

12. Le président-directeur général est élu par le peuple.

_____

Cinquième Lettre

Les Carrières et les occupations

Dans trois ou quatre années vous allez vous préparer pour une carrière ou une occupation. Savez-vous ce que vous allez être, ce que vous allez faire, quand vous aller fini vos études? Écrivez une lettre à un(e) ami(e) ou à un parent qui décrit vos rêves de votre carrière idéale et ce que vous allez faire pour vous préparer.

_____
date

_____
salutation

_____

_____

_____

_____
fermeture

_____
signature

NEUVIÈME LEÇON

LA SANTÉ

Exercice A: D'abord, choisissez la réponse correcte et écrivez-la dans l'espace. Ensuite, écrivez toute la phrase sur la ligne.

1. J'ai un rhume; donc, _____ .

    je ne vais pas bien
    il fait froid
    j'ai peur
    je vais bien

    _____

2. Je suis en bonne santé; donc, _____ .

    je vais voir le médecin
    je vais fumer
    je vais très bien
    je me sens mal

    _____

3. Quand on est malade, on a souvent

    _____ .

    mal aux pieds
    mal à la tête
    très faim
    de bonnes notes

    _____

4. Quand on est malade, on a aussi _____ .

    besoin de l'oculiste
    de démangeaisons
    de cambrioleurs
    de la fièvre

    _____

5. En France les soins médicaux sont payés par

    _____ .

    le médecin
    le malade
    la sécurité sociale
    la caisse d'épargne

    _____

    _____

6. Si je mange trop, j'ai _____ .

    mal à la gorge
    mal à l'estomac
    des frissons
    trop chaud

    _____

7. Pour rester en bonne santé, il faut _____

    _____ .

    suivre un bon régime
    prendre des médicaments
    bien se coiffer
    se lever tard

    _____

    _____

Neuvième Leçon (continuée)

8. Je voudrais maigrir; pour cela je dois _____

   _____ .

       payer des impôts
       beaucoup manger
       éviter les sucreries
       ajouter du sucre

   _____

   _____

9. La marché est recommandée à tous les âges

   pour _____ .

       avoir une bonne circulation
       arriver en ville
       éviter les caries
       avoir une belle chevelure

   _____

   _____

10. Il faut se laver les mains avant _____ .

        de tousser
        de d'éternuer
        de manger
        de rire

    _____

Exercice B: Quelques phrases suivantes sont fausses. Changez chaque phrase fausse à une phrase vraie, et écrivez-la dans l'espace.

1. Si je ne vois pas bien, c'est que j'ai besoin de lunettes.

   _____

2. Fumer est très mauvais pour la santé.

   _____

3. Il ne faut pas se frotter les yeux.

   _____

4. Il faut se coucher tard pour être en bonne forme.

   _____

5. Si on pèse trop, c'est bon pour le coeur.

   _____

6. Si on boit trop, on devient ivre.

   _____

Neuvième Leçon *(continuée)*

7. L'exercice est bon pour la santé.

_____

8. Il faut se laver les mains après les repas.

_____

9. La santé du bébé dépend du régime de la mère.

_____

10. Si on est malade, il ne faut rien boire.

_____

11. La tension nerveuse fatigue plus que l'exercice.

_____

12. Pour avoir un beau sourire, il faut se brosser les dents.

_____

Sixième Lettre

La Santé

Le médecin vous a dit (ou l'a dit à quelqu'un de votre famille) qu'il faut maigrir. Il faut suivre un régime. Ecrivez une lettre à un(e) ami(e) ou à un parent qui décrit ce régime qu'il faut suivre pour perdre dix kilos. Quelle nourriture faut-il (ne faut-il pas) manger? Quels exercices faut-il faire?

_____

date

_____

salutation

_____

_____

_____

_____

_____

fermeture

_____

signature

DIXIÈME LEÇON

L'ARGENT

Exercice A: D'abord, choisissez la réponse correcte et écrivez-la dans l'espace. Ensuite, écrivez toute la phrase sur la ligne.

1. On peut changer un chèque _____ .

   à la banque
   à la ferme
   à la pharmacie
   dans une poche

   _____

2. Ma voiture n'est pas chère; elle est

   _____ .

   bon marché
   vieille
   rouillée
   propre

   _____

3. Si vous voulez gagner de l'argent, il faut

   trouver _____ .

   une bonne situation
   un bon avocat
   des vacances
   un emprunt

   _____

   _____

4. Pour avoir de l'argent pour faire un grand

   voyage, il faut _____ .

   dépenser
   déjeuner
   économiser
   étudier

   _____

   _____

5. Ces billets sont trop chers; j'en veux

   _____ .

   de moins chers
   qui coûtent plus cher
   qui coûtent le même
   de nouveaux

   _____

   _____

6. Avant de quitter le restaurant, il faut payer

   _____ .

   les assiettes
   le menu
   le plat du jour
   l'addition

   _____

   _____

Dixième Leçon (continuée)

7. Si on paye avec un trop gros billet, l'employé vous rend _____ .

> l'argent
> le change
> la monnaie
> le franc

_____

_____

8. En France la monnaie courante est _____ .

> le sou
> le billet
> le franc
> la pièce d'or

_____

9. La situation économique est déterminée par _____ .

> la banque
> la Bourse
> le portefeuille
> le sac à main

_____

_____

10. Pour participer à la Bourse, il faut acheter des _____ .

> actions
> francs
> assurances
> chèques à voyage

_____

_____

Exercice B: Quelques phrases suivantes sont fausses. Changez chaque phrase fausse à une phrase vraie, et écrivez-la dans l'espace.

1. Le dollar a la même valeur que le franc, le mark et le péso.

_____

2. Le cours du change varie d'un jour à l'autre.

_____

3. Ce n'est pas important d'épargner son argent.

_____

4. La personne qui ne travaille plus reçoit un traitement.

_____

5. Quelqu'un qui ne trouve pas de travail est en chômage.

_____

6. Combien est-ce? Combien vaut cela? Combien coûte cela? sont des expressions synonymes.

_____

Dixième Leçon (continuée)

7. Pour écrire un chèque, il faut avoir un compte en banque.

_____

8. On tient ses chèques dans un carnet de chèques.

_____

9. Il est important de garder de grosses sommes dans une tirelire.

_____

10. Tout le monde est content de payer ses impôts.

_____

11. Un meuble ancien s'appelle un héritage.

_____

12. En France les familles reçoivent une allocation familiale.

_____

Septième Lettre

L'Argent

Dans cette lettre vous allez raconter à un(e) ami(e) ou un parent que vous avez gagné 2.000 dollars dans la lotérie. Dans cette lettre vous allez a) décrire les idées que vous avez pour dépenser l'argent (ou quoi d'autre qu'on peut faire avec l'argent), b) demandez des conseils à un(e) ami(e) ou à un parent si vous ne savez pas faire.

_____
                                                    date

_____
              salutation

_____

_____

_____

_____
                                               fermeture

_____
                                               signature

RÉVISION: LEÇONS 8–10

Les Occupations, la santé et l'argent

Directions: Récrivez chacune des phrases suivantes pour être vraie. Faites attention à la grammaire. Commencez avec "Vrai" ou "Faux."

1. Un homme ne peut jamais être secrétaire.

   _____

2. En cas de feu, téléphonez au plombier.

   _____

3. Un boucher soigne les malades.

   _____

4. Une ouvrière travaille dans une usine.

   _____

5. Pour être en bonne santé, on prend toujours des desserts.

   _____

6. Je suis en bonne santé parce que je fume.

   _____

7. Si on a un rhume, on éternue souvent.

   _____

8. Il y a un vaccin contre le cancer.

   _____

9. Je pèse trop; il faut grossir.

   _____

10. Dormir douze heures par nuit, c'est idéal.

    _____

Révision: Leçons 8–10 (continuée)

11. Un voyage en Chine coûte très peu.

_____

12. Au restaurant il faut payer l'addition avant de manger.

_____

13. On peut changer un chèque à la banque.

_____

14. J'adore payer mes impôts.

_____

15. Mme Durand est professeur dans une école primaire.

_____

16. Le directeur enseigne souvent des classes.

_____

17. Quand on est malade, c'est une bonne idée d'aller chez le médecin.

_____

18. Il faut se laver les mains avant de rire.

_____

19. Un repas par jour est bon pour la santé.

_____

20. On peut voyager de New York à Paris en train.

_____

ONZIÈME LEÇON

LES MOYENS DE TRANSPORT

Exercice A: D'abord, choisissez la réponse correcte et écrivez-la dans l'espace. Ensuite, écrivez toute la phrase sur la ligne.

1. J'ai une voiture pour aller à l'école; je dois _____ tous les jours.

    courir
    sauter
    marcher
    conduire

_____

_____

2. Quelquefois la voiture n'avance pas; elle ne _____ pas.

    démarre
    s'arrête
    s'allume
    freine

_____

_____

3. Pour avoir le droit de conduire il faut un _____ .

    certificat
    prix
    permis
    diplôme

_____

4. En avion on voyage très _____ .

    lentement
    rapidement
    ordinairement
    doucement

_____

5. Pour voyager en train, il faut aller _____ .

    à la gare
    au port
    à l'aéroport
    à la station

_____

6. Pour faire une croisière, on voyage _____ .

    en barque
    en vélo
    en carrosse
    en paquebot

_____

Onzième Leçon *(continuée)*

7. Mon copain habite près de chez moi; j'y vais

   _____ .

   en gondole
   en bateau à voile
   à pied
   en avion à réaction

   _____

   _____

8. Beaucoup d'élèves vont à l'école _____ .

   en taxi
   en limousine
   en vélo
   à cheval

   _____

9. C'est quelquefois difficile de trouver où

   _____ la voiture.

   stationner
   mettre
   atterrir
   conduire

   _____

   _____

10. Avant de monter en avion, il faut acheter

    _____ .

    une montre
    un billet
    un journal
    une valise

    _____

    _____

Exercice B: Quelques phrases suivantes sont fausses. Changez chaque phrase fausse à une phrase vraie, et écrivez-la dans l'espace.

1. Pour aller à l'école, Jean-Pierre prend le bateau.

   _____

2. Il y a beaucoup de taxis dans les grandes villes.

   _____

3. Il n'y a pas d'autobus à Paris.

   _____

4. Les écoliers prennent un car scolaire.

   _____

5. En France il faut avoir seize ans pour conduire une voiture.

   _____

6. Le TGV est un "Train à Grande Vitesse."

   _____

Onzième Leçon (continuée)

7. Les avions atterrissent dans le parking.

_____

8. A Paris, des milliers de gens se servent du métro.

_____

9. Beaucoup de touristes voyagent en autocar.

_____

10. L'auto-école n'est pas chère en France.

_____

11. Le chauffeur de taxi peut vous conduire à la gare.

_____

12. "Bicyclette" et "vélo" sont des mots synonymes.

_____

Huitième Lettre

Les Moyens de transport

Dans cette lettre vous allez décrire vos vacances en Europe à un(e) ami(e) ou un parent. Par exemple: Comment êtes-vous allé(e) à l'aéroport? Comment avez-vous voyagé de New York à Paris? Avez-vous employé le métro ou l'autobus pour traverser Paris? Si vous visiterez d'autres pays pendant votre voyage, comment voyagerez-vous? Rentrerez-vous par les mêmes moyens que vous avez voyagé premièrement?

_____
date

_____
salutation

_____

_____

_____

_____

_____
fermeture

_____
signature

DOUZIÈME LEÇON

LES VOYAGES/ LES GRANDES VACANCES

Exercice A: D'abord, choisissez la réponse correcte et écrivez-la dans l'espace. Ensuite, écrivez toute la phrase sur la ligne.

1. Un touriste typique porte toujours
   _____ .

   un appareil photographique
   un album de photos
   des photographies
   un sac à dos

   _____

   _____

2. Avant de partir on achète ses billets
   _____ .

   à la douane
   au guichet
   dans le parking
   à l'épicerie

   _____

3. Pour partir en vacances on met ses
   vêtements dans _____ .

   une armoire
   un sac à main
   une malle
   une valise

   _____

   _____

4. Quand on arrive à destination, on va
   _____ .

   à la bibliothèque
   à l'hôtel
   dans la rue
   au cabaret

   _____

5. Quand je me trouve dans une ville que je
   ne connais pas bien, je m'achète _____ .

   une clé
   un monument
   un plan
   un carrefour

   _____

6. Pendant mes vacances j'envoie des
   _____ à mes amis.

   examens
   cartes postales
   cadeaux
   journaux

   _____

   _____

Douzième Leçon (continuée)

7. La personne qui fait visiter la ville aux
touristes s'appelle _____ .

    un directeur
    un agent de voyage
    un génie
    un guide

_____

_____

9. Un autre moyen de garder des souvenirs de
son voyage, c'est _____ .

    de se promener dans les magasins
    d'acheter des souvenirs
    de prendre la calèche
    de s'asseoir au café

_____

_____

8. Pour avoir des souvenirs de leur voyage,
beaucoup de gens _____ .

    prennent des photos
    visitent le musée
    épargnent de l'argent
    parlent une langue étrangère

_____

_____

10. Pour voyager d'un pays à l'autre il faut
quelquefois passer par _____ .

    le port
    la caissière
    le capitaine
    la douane

_____

_____

Exercice B: Quelques phrases suivantes sont fausses. Changez chaque phrase fausse à une phrase vraie, et écrivez-la dans l'espace.

1. Pour visiter une ville qu'on ne connaît pas, il faut acheter une mappemonde.

_____

2. Quand on prend le métro, il faut toujours garder son ticket avec soi.

_____

3. Dans la gare, on entend annoncer du haut-parler "En voiture!"

_____

4. Les Français voyagent de préférence en juillet et août.

_____

5. Quelqu'un qui n'est pas habitant du pays est un indigène.

_____

6. Les Français n'aiment pas voyager à l'étranger.

_____

Douzième Leçon (continuée)

7. Beaucoup de Français font du camping en été.

_____

8. Une "caméra" et un "appareil photo" sont deux choses différentes.

_____

9. Il faut porter des lunettes de soleil quand le temps est couvert.

_____

10. Personne ne parle anglais dans les pays étrangers.

_____

11. Le quatorze juillet n'est par un jour férié.

_____

12. Les Français ont cinq semaines de vacances chaque été.

_____

Neuvième Lettre

Les Voyages/les grandes vacances

Dans cette lettre vous allez inviter une personne spéciale à passer du temps chez vous. Par exemple: Qui va vous visiter? Pourquoi voulez-vous passer du temps avec cette personne? Quand cette personne arriverez-t-elle? Combien de temps passerez-vous ensemble? Qu'est-ce que vous allez-faire? Voyager? Où? Faire des sports? Rendre visite à quelqu'un? Aller au ciné? Faire des achats?

_____
date

_____
salutation

_____

_____

_____

_____
fermeture

_____
signature

TREIZIÈME LEÇON

L'AUTOMOBILE

Exercice A: D'abord, choisissez la réponse correcte et écrivez-la dans l'espace. Ensuite, écrivez toute la phrase sur la ligne.

1. Quand on conduit une voiture, le feu rouge veut dire qu'on doit _____ .

   ralentir
   accélérer
   tourner à gauche
   s'arrêter

   _____

   _____

2. Le feu vert indique qu'on peut _____ .

   aller tout droit
   aller vite
   accélérer
   klaxonner

   _____

3. Le feu jaune signale _____ .

   de rouler à toute allure
   de tourner à droite
   de passer tout droit
   de ralentir pour s'arrêter

   _____

4. Pour diriger la voiture, on se sert du _____ .

   cerf-volant
   volant
   frein
   pare-brise

   _____

5. Pour voir derrière soi, on regarde dans _____ .

   le clignotant
   le coffre
   le pot d'échappement
   le rétroviseur

   _____

   _____

6. En cas d'accident, il vaut mieux _____ .

   appeler la police
   se sauver
   appeler ses parents
   garder la droite

   _____

7. Si un agent de police vous arrête pour une infraction de la loi, vous recevrez sans doute _____ .

   le grand prix
   des félicitations
   une amende
   une contravention

   _____

   _____

   _____

Treizième Leçon (continuée)

8. Si vous êtes coupable d'une infraction, vous serez obligé de payer _____ .

    une amende
l'agent de police
l'avocat
l'assurance

10. Sur certaines autoroutes, il faut payer _____ .

    le gendarme
le péage
l'essence
les impôts

9. Sur toutes les routes, il faut observer _____ .

    l'automobiliste
le chantier
la limite de vitesse
le paysage

Exercice B: Quelques phrases suivantes sont fausses. Changez chaque phrase fausse à une phrase vraie, et écrivez-la dans l'espace.

1. Il est plus facile de conduire la nuit.

_____

2. Le dimanche il y a beaucoup de circulation.

_____

3. Quand il y a du verglas sur les routes, on risque de déraper.

_____

4. Il est dangereux de conduire après avoir bu des boissons alcoolisées.

_____

5. En France il faut avoir 18 ans pour obtenir un permis de conduire.

_____

6. Cent kilomètres à l'heure est une vitesse normale.

_____

Treizième Leçon (continuée)

7. Pour avoir une nouvelle voiture, il faut acheter une voiture d'occasion.

_____

8. Pour ralentir, il faut appuyer sur la pédale du frein.

_____

9. Chaque automobiliste doit avoir une assurance d'automobile.

_____

10. L'essence ne se vend pas à la station-service.

_____

Dixième Lettre

L'Automobile

Votre père (ou mère) vient d'acheter une nouvelle voiture. Toute la famille est très contente. Dans cette lettre vous allez décrire la nouvelle voiture. Par exemple: Comment est la nouvelle voiture (la couleur, le modèle, etc.)? Pourquoi votre père (mère) l'a-t-il (elle) achetée? Allez-vous la conduire un jour? Allez-vous acheter votre propre voiture un jour? Quelle voiture? Coûtera-t-elle beaucoup?

_____
date

_____
salutation

_____

_____

_____

_____

_____
fermeture

_____
signature

RÉVISION: LEÇONS 11–13

Les Moyens de transport, les voyages et les grandes vacances

Directions: Récrivez chacune des phrases suivantes pour être vraie. Faites attention à la grammaire. Commencez avec "Vrai" ou "Faux."

1. Il faut avoir un permis pour conduire un vélo.

   _____

2. Beaucoup d'étudiants viennent à l'école à cheval.

   _____

3. Pour voyager en avion il faut aller à la gare.

   _____

4. On voyage plus lentement en métro qu'à pied.

   _____

5. Aux E.U. il faut avoir seize ans pour conduire une voiture.

   _____

6. Pour partir en vacances, on met les vêtements dans une armoire.

   _____

7. Il faut avoir un passeport pour aller de Détroit à Toronto.

   _____

8. On achète les billets à la douane.

   _____

9. Les lunettes de soleil sont souvent nécessaires par temps couvert.

   _____

10. Il faut s'arrêter au feu vert.

   _____

Révision: Leçons 11–13 (continuée)

11. On emploie le rétroviseur pour voir derrière soi.

_____

12. C'est une bonne idée de boire des boissons alcoolisées en conduisant.

_____

13. Stationner la voiture n'est jamais nécessaire.

_____

14. On va à l'école souvent en bateau.

_____

15. Pendant les vacances, on envoie des cartes postales à des amis.

_____

16. Personne ne parle anglais en Europe.

_____

17. On fait souvent du camping en janvier.

_____

18. Au feu rouge on accélère la voiture.

_____

19. On donne un pourboire au ciné.

_____

20. Si on klaxonne beaucoup, on peut conduire plus vite.

_____

QUATORZIÈME LEÇON

LE MARCHÉ/LES MAGASINS

Exercice A: D'abord, choisissez la réponse correcte et écrivez-la dans l'espace. Ensuite, écrivez toute la phrase sur la ligne.

1. Dans un grand magasin on vend _____ .

   peu de choses   beaucoup de choses
   des actions   des francs

   _____

2. A la boucherie on vend _____ .

   du rouges à lèvres   de la laine
   des sabots   de la viande

   _____

3. Une chose qui n'est pas de la viande, c'est _____ .

   le veau   le poulet
   le porc   le poisson

   _____

4. A la pharmacie on peut acheter _____ .

   de la pâte dentifrice   un permis de conduire
   un gigot d'agneau   des chaussures de Chanel

   _____

5. Pour acheter une paire de souliers, il faut savoir _____ .

   l'adresse   le modèle
   la pointure   le fabricant

   _____

6. Pour acheter un chemisier, il faut savoir _____ .

   la taille   l'heure de fermeture
   la couleur   le nom de la vendeuse

   _____

Quatorzième Leçon (continuée)

7. Sur un vêtement, on ne voit jamais _____ .

   une fermeture éclair   de boutons
   de pressions   de bigoudis

   _____

8. Dans un centre commercial, on trouve _____ .

   des maisons particulières   beaucoup de magasins différents
   peu de boutiques   des appartements

   _____

9. J'achète mon pain chez le _____ .

   boulanger   charcutier
   pâtissier   boucher

   _____

10. Je fais réparer les talons chez le _____ .

    teinturier   notaire
    médecin   cordonnier

    _____

Exercice B: Quelques phrases suivantes sont fausses. Changez chaque phrase fausse à une phrase vraie, et écrivez-la dans l'espace.

1. J'ai acheté ma montre chez le bijoutier.

   _____

2. On achète des saucissons à la quincaillerie.

   _____

3. On achète de l'essence au poste de police.

   _____

4. Je peux acheter toutes sortes de choses au bazar.

   _____

5. J'achète du fil et de la laine à la mercerie.

   _____

Quatorzième Leçon (continuée)

6. Je vais chez le coiffeur pour poster mes lettres.

   _____

7. Il y a un grand choix de légumes et de fruits au marché.

   _____

8. Les prix sont très raisonnables à l'orfévrerie.

   _____

9. Tout est très cher dans un bazar.

   _____

10. A la fin d'une saison, il y a de grandes soldes.

    _____

11. En général, les voitures sont bon marché.

    _____

12. Il faut aller dans une librairie pour emprunter des livres.

    _____

Onzième Lettre

Le Marché/Les Magasins

Dans cette lettre vous allez d'abord écrire si vous aimez ou n'aimez pas faire des achats. Par exemple: Quand faites-vous d'habitude des achats? Avec qui aimez-vous faire des achats? Quand préférez-vous aller? Achetez-vous toujours quelque chose? Qu'est-ce que vous aimez acheter? Des vêtements? Des disques ou des bandes magnétiques? Des cadeaux pour des amis ou des parents? Qu'est-ce que vous n'aimez pas acheter? L'argent est-il quelquefois un problème? Ou en avez-vous toujours assez?

_____
date

_____
salutation

_____

_____

_____

_____
fermeture

_____
signature

> QUINZIÈME LEÇON

J'AIME LES FÊTES

Exercice A: D'abord, choisissez l'expression qui complète le mieux la phrase. Ensuite, écrivez toute la phrase sur la ligne.

1. J'aime les fêtes parce que

    je m'ennuie

    ils ont l'air intéressant

    je regarde toujours les murs

    je m'amuse beaucoup

2. A une fête on peut

    acheter et vendre des choses

    chanter et danser

    finir des devoirs

    rentrer dans un mois

3. La Fête Nationale de la France est

    le jour du St. Valentin

    l'anniversaire de Maurice Chevalier

    le quatorze juillet

    le quatre juillet

4. Je fais une fête la semaine prochaine, et il faut envoyer _____ à mes amis.

    des invitations

    des fleurs

    des billets

    des cadeaux

5. Quand la fête se termine, c'est une bonne idée

    de rompre des plats et des verres

    d'arriver à l'heure

    d'arriver après les autres

    de dire «merci» avant de partir

6. Voyons . . . la musique, la nourriture, les rafraîchissements . . . oui! tout est prêt pour

    l'examen

    l'électrophone

    la fête

    les achats

Quinzième Leçon *(continuée)*

7. Tous les invités apportent _____ à la fête d'anniversaire.

    des écharpes blanches   de beaux cadeaux

    beaucoup de patience   beaucoup de peur

Exercice B: Quelques phrases suivantes sont fausses. Changez chaque phrase fausse à une phrase vraie, et écrivez-la dans l'espace.

1. Pour annoncer une fête on peut envoyer un paquet de France.

2. Le Quatre Juillet est une grande fête religieuse aux États-Unis.

3. Tous les invités apportent des photos et des choses à manger à une fête d'anniversaire.

4. Le Jour des Actions de Grâce est une fête nationale importante en France.

5. En arrivant à une fête, c'est une bonne idée de dormir sur le divan.

6. Pour Noël on donne des cadeaux seulement aux enfants.

7. Toutes les fêtes aux États-Unis doivent se terminer à minuit.

8. Très peu de personnes ne fêtent pas leurs anniversaires.

9. Il n'y a jamais de fête pour célébrer un anniversaire de mariage.

10. Presque tous les Américains célèbrent la fête de leur saint (sainte) autant que leurs anniversaires.

Douzième Lettre

Les Fêtes

Dans cette lettre vous allez décrire une fête idéale que vous voudriez organiser. Vous avez à votre disposition tout l'argent nécessaire. Quelle sorte de fête allez-vous organiser? Il y aura une occasion spéciale? Quand se passera-t-elle? Où? Combien de personnes allez-vous inviter? Qui? Qu'est-ce que vous allez servir aux invités? Il y aura de la musique? Quelle sorte? Les invités que feront-ils à la fête?

_____
date

_____
salutation

_____

_____

_____

_____

_____
fermeture

_____
signature

Écrivez l'information nécessaire dans les espaces pour l'invitation à la fête que vous allez envoyer pour votre fête idéale.

Une fête chez Marie

_____

Date _____

Heure _____

Nom _____

Numéro de téléphone _____

R.S.V.P. avant: _____

SEIZIÈME LEÇON

ÉCRIVONS DES POÈMES

Outline for a cinquain poem for students to follow

_____

_____   _____

_____   _____   _____

_____   _____   _____   _____

_____

Directions:

1. state subject
2. describe subject
3. describe action
4. express emotion
5. reflect subject

Parts of speech:

1. (usually) noun
2. adjective, adjective/noun, adjective
3. 1 sentence/3 infinitives/3 participles
4. sentence
5. (usually) noun

Examples of student cinquain poems

M. Bartell

La nature, une pipe
Galant, calme, hardi
Le conseiller par excellence
Toujours lui!

Papillon

Moire, multicolore
Il vole, sautille, s'ébat.
Comme il est beau!
N'est-ce-pas?

Guerre

Sanglante, chère
Tire, bombardements, massacres
Cela n'en finira-t-il jamais?
Guerre!

Foule

Noire et blanche
Grouillante, affairée, bruyante
Où va cette vague?
Foule!

Voiture

Belle, vite
Je veux conduire
Elle coûte trop cher
Vélo!

Neige

Fraîche, blanche
Vient du ciel
J'aime la regarder
Paix!

Citoyens de la planète terre*

Nous sommes tous habitants de cette planète
    Membres de la même famille humaine
Nous partageons le soleil
    Et le ciel
Nous partageons les mers
    Et la terre
Nous sommes tous différents tels les flocons de neige
Mais plus semblables que différents.
Nous avons tous les mêmes besoins:

    De nourriture

    De logis

    D'amour

    De bonheur

Nous avons les mêmes espoirs, les mêmes rêves
Toutes ces choses nous attachent
Nous dépendons les uns des autres
Nous avons besoin les uns des autres
Nous sommes tous habitants de cette planète
Membres de la même famille humaine.

*Written by a student; revised and improved by a teacher.

Citoyens de la planète terre

Directions: Lisez le poème deux fois. Ensuite encerclez ci-dessous la réponse correcte.

1. Tous les êtres humains vivent _____ .

    (a) au même endroit
    (b) sur la planète terre
    (c) sur différentes planètes
    (d) sur la terre et les mers

2. Qu'est-ce que nous partageons tous? Nous partageons tous _____ .

    (a) le ciel et la nourriture
    (b) le logis et l'amour
    (c) le soleil, le ciel, les mers et la terre
    (d) le même bonheur

3. Tous les êtres humains sont _____ .

    (a) plus semblables que différents
    (b) comme la neige
    (c) individualistes, sans bonheur
    (d) dépendants de leurs rêves

4. Nous sommes tous des être humains et nous sommes _____ .

    (a) dépendants les uns des autres
    (b) plus différents que semblables
    (c) citoyens du même pays
    (d) individuels commes les animaux

5. Nous sommes tous membres de la famille humaine et nous avons tous les même besoins comme, par exemple, _____ .

    (a) la planète plus grande
    (b) des flocons de neige
    (c) la nourriture, le logis, l'amour et le bonheur
    (d) le bonheur complet